Für N. und R.

Originalausgabe

1. Auflage 2018

© Edition Frankfurter Ansichten, 2018

Illustration, Umschlagsgestaltung und Satz
Eva Feuchter

Lektorat
Naomi Naegele

Schriften
Bebas, Ryoichi Tsunekawa
HK Grotesk, Alfredo Marco Pradil
Nimbus Roman No 9, URW Studio

Druck
Mach Druck, Frankfurt am Main

Printed in Germany

ISBN 978-3-00-059221-8

www.frankfurteransichten.net

Matthias Arning

FRANKFURT FÜR ANFÄNGER

mit Illustrationen von
Eva Feuchter

Edition
Frankfurter
Ansichten

In einer Stadt wie Frankfurt befindet man sich in einer wunderlichen Lage; immer sich kreuzende Fremde deuten nach allen Weltgegenden hin und erwecken Reiselust.

Johann Wolfgang Goethe, Dichtung und Wahrheit

FRANKFURT FÜR ANFÄNGER

Frankfurt für Anfänger
Eine Gebrauchsanweisung

Warum ausgerechnet Frankfurt? Daran gab es vor Jahrzehnten nichts als Zweifel: Die Stadt in der Mitte Deutschlands erschien dem Rest der Republik reichlich suspekt. Wollte keiner freiwillig hin, in diese Stadt der Banken, des Mordes und des Totschlags, die Hauptstadt des Verbrechens.

Seitdem ist viel passiert. Alle drängen nach Frankfurt, die Stadt erlebt einen Baby-Boom, hat sich dem Main zugewandt und baut sich eine neue Altstadt.

Frankfurt für Anfänger ist kein Reiseführer. Es ist eine Handreichung für Ankommende, neue Frankfurter und solche, die es werden wollen. Eine Liebeserklärung an eine Stadt und ein Leitfaden, um sich allmählich dem anzunähern, was dieses Frankfurt eigentlich ist und warum sich der Weg dorthin lohnt. Durchaus subjektiv und ohne den Anspruch auf Vollständigkeit. Aber mit dem Anspruch, etwas davon zu vermitteln, warum Frankfurter ihre Stadt Heimat nennen. Trotz aller Macken. Und ohne den Kitsch und die Tümelei, die man häufig mit Heimat verbindet.

Bahnen Sie sich ihren ganz eigenen Weg durch dieses Buch, das sich Frankfurt aus allen Himmelsrichtungen annähert. Wer erst mal den Eisernen Steg überquert hat, ist schon mittendrin. Wie und wo Sie weiterlesen, entscheiden Sie. Ganz so, wie Sie wollen. Und etwa so, wie man in Frankfurt lebt.

Es gibt durchaus Konventionen, denn zur Grünen Soße gehören nun mal sieben Kräuter und den Handkäs isst man ohne Gabel. Aber man sagt wohl aus guten Gründen: Frankfurt, das sei stets ein Ort der Spontis gewesen, nichts für Dogmatiker. Man muss in dieser Stadt ankommen, Adorno einen Moment lang nachtrauern, am Fleischautomaten im hohen Norden nachts einen Braten erwerben, in der Paulskirche die Demokratie retten und sich im

Senckenberg-Museum die Verschiebungen der Erdplatten im Zusammenhang mit der Entstehung der Kontinente erklären lassen. Danach kann man guten Gewissens behaupten, kein Anfänger mehr zu sein. Zumindest nicht in Frankfurt.

In das Buch kann man immer wieder reinschauen, Kapitel für Kapitel, die Reihenfolge entscheiden Sie selbst. Lassen Sie sich von ihrer Neugier leiten und von *Frankfurt für Anfänger* inspirieren: Entdecken Sie Schopenhauer auf dem Hauptfriedhof, erklimmen Sie das Ich-Denkmal am Main und genießen Sie die Abenddämmerung über dem Lohrberg.

Wenn daraus schlussendlich Liebe zu diesem Frankfurt wird, muss es kein Schaden sein.

VORWORT

Frankfurt am Main
Liebe auf den zweiten Blick

Die Mär vom öden Ort hält sich hartnäckig: „Frankfurt ist halb so groß und doppelt so tot wie der Friedhof von Manhattan", macht es in London nach dem Brexit-Referendum bösartig die Runde. Ein längst überwunden geglaubtes Klischee über die Stadt am Main lebt plötzlich wieder auf.

Zugegeben: Die enorme Lebensqualität von Frankfurt erschließt sich erst auf den zweiten Blick. Dem, der sich auf die Stadt einlässt. Hierbleibt. Meist gezwungenermaßen. Denn wer zieht schon freiwillig nach Frankfurt am Main – so wie man nach Berlin geht oder sich in München niederlässt? Nach Frankfurt am Main kommt man aus Zufall oder um Geld zu verdienen. So unromantisch fängt es an. Doch ist der erste Schock überwunden, spüren die meisten: In der Stadt am Main kann man nicht nur arbeiten, sondern auch leben. Und weinen Frankfurt plötzlich Krokodilstränen nach, wenn die nächste Versetzung ansteht. Denn Frankfurt ist längst nicht mehr „unbewohnbar wie der Mond". Es ist überschaubar. Eine Stadt der kurzen Wege. Grün. Familienfreundlich. Liebenswert. Frankfurt – das ist Liebe auf den zweiten Blick.

Die Stadt in der Mitte Europas. Ein Sternpunkt. Ein Ort, an dem alle Wege zusammenlaufen. Sinnbildlich steht dafür das Frankfurter Kreuz. Der Rhein-Main-Flughafen. Der größte Internet-Knotenpunkt der Welt.

Frankfurt ist eine Stadt, die viele nur vom Vorbeifahren kennen: Autobahn A3, Bürostadt Niederrad, ein Monument des Grauens. Dauert mit dem Auto keine Minute. Frankfurt am Main, sagen viele Vorbeieilende voll Mitleid in der Stimme. Wenn sie überhaupt etwas sagen, denn schnell ist man vorbei an Frankfurt. Spätestens am Gambacher Kreuz spricht kaum noch einer darüber.

Es sei denn, es ist Abend und die Skyline leuchtet herüber. Dann bekommen die Bankentürme etwas glamouröses. Und das Herz des gemeinen Frankfurters hopst. „Mainhattan", seufzt er dann gern. Das ist durchaus liebevoll gemeint, aber natürlich ziemlich unsinnig – wie vieles, was aus Liebe geschieht. Doch eine Portion Größenwahn ist dem bekennenden Frankfurter ohnehin zu eigen. Seltsamerweise gepaart mit einem ausgeprägten Sinn fürs Reelle. Kein Geschwafel. Der Frankfurter ist handfest. Mit Sinn fürs Geschäft. Er ist ein nüchterner Zeitgenosse. Hart, aber herzlich – wenn man die zarten Anzeichen dafür nur zu deuten gelernt hat. Frankfurt ist nichts, was einem in den Schoß fällt. Frankfurt muss man sich erobern. Muss sich daran gewöhnen, wie an den ersten Handkäs – auch diese Frankfurter Spezialität: eher Liebe auf den zweiten Biss. Genau wie der erste Schoppen Apfelwein – auch Äppler genannt oder Ebbelwoi gerufen – nichts Liebliches oder Einnehmendes hat. Aber nach der gebührenden Initiationsphase lernt der neue Frankfurter die saure Frische zu schätzen – zumal im Sommer unter den knorrigen Kastanien der *Sonne* oder des *Drosselbarts*, zweier herrlicher Apfelweinlokale.

Überhaupt erschließt sich der spröde Zauber der Stadt am Main am ehesten in den Stadtteilen. Bei einem *Wacker*-Kaffee im gleichnamigen Café am Uhrtürmchen auf der Berger Straße. Am besten an einem Markttag. Oder beim Drachen steigen lassen auf dem ehemaligen Rollfeld am Alten Bonameser Flughafen, begleitet vom Chor der Kröten. Beim Joggen im Grüneburgpark. Oder auf der Terrasse des Lohrbergs in Seckbach. Wenn die Hymne der Eintracht im Waldstadion ertönt und der Stadionsprecher die Namen der Spieler in numerischer Folge nennt. Wem da nicht das Herz aufgeht...

Frankfurt ist nicht zwingend gemütlich, aber einnehmend.

Und Frankfurt wächst. Inzwischen zählt die Stadt nach offiziellen Erhebungen 736.000 Einwohner. Tendenz steigend. In zwei Jahren sollen es noch einmal 25.000 mehr sein. So stellt man sich wohl eine Boomtown vor. Das Nordend platzt bereits aus allen Nähten, so dass mancher ins benachbarte Offenbach zieht. Das galt früher als Witz. Als andere Welt. Als Feindesland. Mittlerweile will keiner mehr von einem Schattendasein Offenbachs sprechen. Über den „OFC" allerdings sollte man nach wie vor besser nicht reden. Frühere Lokalderbys gegen „die Eintracht" um höchste Fußball-Ehren wecken bei Jüngeren jedoch schon keine Erinnerungen mehr.

Eigentlich spricht nichts mehr dagegen, von Frankfurt am Main zu schwärmen. Viele wollen jetzt nach Frankfurt. Nicht zuletzt die Brexit-vertriebenen Londoner. Fachleute rechnen damit, dass es einige tausend Banker sein werden, die von der Insel aus in Richtung Festland aufbrechen, nicht etwa nach Paris, sondern in die Region Rhein-Main. Ins gelobte Land sozusagen, genauer gesagt: Nach Frankfurt.

Das konnte sich noch in den 70er Jahren kein Mensch vorstellen. Damals hieß es, aus den Trümmern des Kriegs sei hier die amerikanischste Stadt außerhalb der USA entstanden. Das klang so, als wollten sich die Frankfurter damit selbst trösten. Der eigenwillige Superlativ stand für „modern". Inzwischen ist das US-Militär abgezogen und aus dem Headquarter Eisenhowers an zentraler Stelle der Stadt im früheren IG-Farben-Haus ist mittlerweile das Entrée der Goethe-Universität geworden. Ohne Übertreibung der Eingang zum schönsten Uni-Campus Deutschlands.

Frankfurt ist längst nicht mehr igitt, sondern an vielen Ecken aus Sandstein. Und spätestens, wenn sich die Frage eines Wegzugs stellt, sagen viele, das komme eigentlich gar nicht in Frage. Die Menschen wollen bleiben.

Was aber macht dieses Frankfurt eigentlich aus?

Es ist auf jeden Fall ein Ort, der sich immer wieder neu erfindet. „Dynamisch", nennen Makler das. Es bedeutet, dass man sich auf permanente Baustellen gefasst machen sollte. Frankfurt steht nicht still. Es ist *work in progress.*

Viele Gründerzeit-Villen, die den Zweiten Weltkrieg überlebt haben, blieben von den Abrissbirnen der Nachkriegszeit und unserer Tage nicht verschont. Und auch markante Frankfurter Erinnerungsorte wie das Rundschau-Haus mit den runden Ecken an der „Großen Eschenheimer Straße", an dem Generationen wohnungssuchender Studenten an Freitagnachmittagen in Erwartung der aktuellen Immobilienanzeigen ausgeharrt hatten, wurden gnadenlos abrasiert. Der Frankfurter reißt gern alles ab und wundert sich dann, dass er seine Stadt nicht mehr wiedererkennt. Von größeren Sentimentalitäten, die sich mit dem Abriss des legendären AFN-Gebäudes an der Bertramstraße in Verbindung bringen ließen, ist auch keine Rede. Dafür belebt die Stadt mit der neugebauten Altstadt nun Traditionen, an die sich kaum einer mehr erinnert und rückt dem prächtigen Kaiserdom mächtig auf die Pelle.

Früher stand Frankfurt für intellektuelle Klasse: Adorno, Horkheimer, Dialektik der Aufklärung, Habermas – alles vorbei. Wirklich? An der Goethe-Universität wird der kritische Diskurs tapfer hochgehalten, gilt der interdisziplinäre Forschungsverbund *Normative Ordnungen* weiter als Vorzeigeprojekt für den Wandel der Herrschaft.

Frankfurt bietet Geschichten. Viele kleine Geschichten. Von sieben Kräutern, die zur Grünen Soße gehören. Vom Grab der Mutter Goethes, das sich unweit eines Basketballkorbs auf dem Pausenhof einer Innenstadt-Schule versteckt. Von der schwangeren Germania auf dem Wandgemälde der Paulskirchen-Rotunde. Und von der japanischen Konditorin, die unweit des Doms Grüner-Tee-Schnitten und den weltbesten New-York-Cheese-Cake anbietet.

Bei aller Internationalität zeichnet sich die Stadt vor allem dadurch aus, überschaubar geblieben zu sein. Frankfurt hat sich nicht zu einem unübersichtlichen Moloch entwickelt. Dazu ist die Stadt viel zu klein. Frankfurt ist eine Metropole der kurzen Wege. Daher gerade bei Radfahrern ausgesprochen beliebt. Wenngleich die Stadt sich noch immer nicht dazu durchringen kann, die Pendler-SUVs beherzt aus der Stadt zu verbannen und den Pedalisten konsequent Vorfahrt zu gewähren.

Frankfurt ist nach wie vor eine Ansammlung von Dörfern, meinen intime Frankfurt-Kenner. Eine Ansiedlung von Menschen ganz unterschiedlicher Art, unterschiedlichen Eigensinns, unterschiedlicher Erwartungen.

Dabei hat Frankfurt nicht nur in der Kultur den Anspruch, für „alle" da zu sein. Nicht zufällig wurde in Frankfurt das erste Amt für multikulturelle Angelegenheiten geschaffen, wird der kritische Diskurs nicht allein an samstäglichen Vormittagen beim Ebbelwei-Trubel an der „Konstabler" und beim weltbesten Cappuccino in der Kleinmarkthalle hochgehalten. Der Bewohner der Stadt am Main liebt es, seine ganz eigenen Ansichten zum Zustand der Republik im Allgemeinen und den örtlichen Honoratioren im Besonderen kundzutun.

Frankfurter Ansichten eben.

Es bleiben die Koordinaten, die *Frankfurt für Anfänger* gesammelt hat. Egal, ob der Nutzer den Anfang des Buches als Beginn seiner Lektüre setzt. Oder sich an der Geografie der Stadt orientiert, im Norden aufbricht und die Silhouette der hohen Häuser in der City nie aus den Augen lässt – er nähert sich Frankfurt am Main an. Einer Stadt im Herzen Europas. Für viele zunächst eine Zufallsbekanntschaft oder eine arrangierte Zweckgemeinschaft. Die zu einer echten Liebesgeschichte wird.

Liebe auf den zweiten Blick eben.

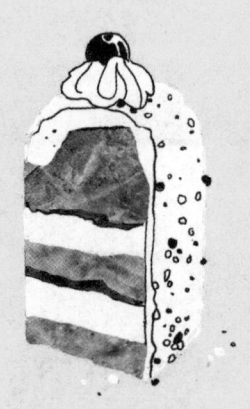

FRANKFURTER
KLASSIKER

Eiserner Steg
Über diese Brücke sollst Du gehn

Der Eiserne Steg ist wie eine Bühne. Ein Laufsteg mit Ausblick. Und was für einer. Der perfekte Ort, um Frankfurt zu erobern. Am besten von der Mitte dieser stählernen Fußgängerbrücke aus – hoch über dem Main. Man weiß gar nicht, wohin man zuerst schauen soll: nach Norden in Richtung Innenstadt, Leonhardskirche, Historisches Museum und Dom? Oder weiter nach rechts mainaufwärts auf den markanten Bau der Europäischen Zentralbank, kurz: EZB genannt? In Richtung südliches Mainufer samt Dreikönigskirche und Sachsenhäuser Museumsufer? Oder mainabwärts auf die Verheißungen der Skyline mit Norman Fosters Commerzbank-Tower? Wer sich von dort, vom Eisernen Steg aus, nicht schlagartig in die Stadt am Main verliebt, hat Frankfurt eigentlich nicht verdient.

Der Eiserne Steg ist nicht nur ein herrliches Bauwerk, er macht es auch leicht, diese Stadt zu kapern. Er bahnt den Weg von Sachsenhausen in die Altstadt. Und der Weg über den Eisernen Steg ist der beste Auftakt. Der ideale Ausgangspunkt für den ersten Gang in die Stadt, die man noch nicht kennt, von der man aber bereits einiges gehört hat.

Hässliche Worte gehören in diesen Zusammenhang. Von *Krankfurt* war in den 70er Jahren immer mal die üble Nachrede. Lange her. *Bankfurt*, lästerten andere über die Stadt am Main, die nun tatsächlich in der City über eine gewisse Dichte an schwarzgekleideten Anzug- und Kostümträgern verfügt. Und ein schlechtes Image klebt – oder bappt, wie der Frankfurter sagen würde – wie Kaugummi.

Der erste Eindruck vom Eisernen Steg aus lässt einen jedoch erahnen: Sieht gar nicht so übel aus. Und überhaupt möchte man diese Brücke gar nicht mehr verlassen. Weder in Richtung „Hibb de Bach", was auf frankforterisch hüben vom Bach bedeutet, also nördlich des Mainufers, noch „Dribb de Bach", was drüben vom Main, beziehungsweise die Sachsenhäuser Seite, meint.

Auf weinfarbenem Meer segelnd zu anderen Menschen

Aufschrift über dem Eisernen Steg aus der Odyssee des Homer

Man bleibt also am besten auf der Brücke stehen und wartet auf den Sonnenuntergang. Direkt in der Mitte. Etliche Touristen werden vorbeikommen, Selfies schießen. Macht nichts. Man bleibt stehen. In der Mitte. Und schaut auf Frankfurt. Vielleicht gibt es zum ersten Mal dieses Gefühl: Mein Frankfurt.

Man kann den Eisernen Steg aber auch anders nutzen. Nicht nur, wenn man frisch verliebt ist und mit der Angebeteten in der Mitte des Stegs vor ungewohnten Zeichen stehen bleibt:

ΠΛΕΟΝ ΕΠΙ ΟΙΝΟΠΑ ΠΟΝΤΟΝ ΕΠ ΑΛΛΟΘΡΟΟΥΣ
ΑΝΘΡΩΠΟΥΣ

Der griechische Satz stammt von Homer und heißt übersetzt: „Auf weinfarbenem Meer segelnd zu anderen Menschen." Ein Zitat aus der Odyssee, das man zu Goethes Geburtstag 1999 (dem 250. Geburtstag, wie jedes Jahr, genau: am 28. August) an den Flaneur auf dem Steg brachte. Nicht nur romantische Kulisse, es erinnert auch an den wohl bekanntesten Frankfurter und macht klar: Hier bin ich Mensch, hier darf ich's sein.

Egal wie skeptisch man sich Frankfurt nähert: Stets hilft der Eiserne Steg weiter. Ohne die traditionell selbstbewussten Frankfurter Bürger gäbe es ihn gar nicht. Vor 150 Jahren setzten diese sich für eine weitere Verbindung über den Fluss ein, da die Alte Brücke die vielen Fuhrwerke und Fußgänger nicht mehr allein bewältigen konnte. Der Magistrat sah das ein, schaltete allerdings, was die Kosten betraf, auf Durchzug. Deshalb gründeten Frankfurter Bürger 1867 die *Gesellschaft zur Erbauung einer eisernen Brücke* – in Selbsthilfe sozusagen. Typisch Frankfurt. Die Bürger-Gesellschaft finanzierte den Bau des Stegs durch den Verkauf von Anteilsscheinen. Und fand alsbald den Ingenieur Johann Peter Wilhelm Schmick als Konstrukteur. Am 29. September 1869 wurde der Eiserne Steg mit seinen industriell anmutenden

Metallbögen feierlich eröffnet. Zwischen 1874 und 1878 baute Schmick auch noch die Untermainbrücke und die Obermainbrücke. Das brachte ihm die Anerkennung des Volksmundes: *Kaa Brick ohne Schmick*, hieß es.

Auf den anderen Brücken kann man zwar auch in der Mitte anhalten, ein Vergnügen ist das aber weniger. Denn diese dienen Autofahrern vor allem dazu, zügig in die Innenstadt oder nach Sachsenhausen zu kommen. Der Eiserne Steg hingegen bleibt bis heute allein den Fußgängern vorbehalten. Mit der Höherlegung der Brücke, die fortan auch großen Rheinschiffen erlauben sollte, den Main zu nutzen, verbreiterte man den Gehweg auf sechs Meter. Die kann man schnurstrammen Schrittes nutzen, um die Innenstadt zügig zu erreichen, oder man nutzt sie, um immer wieder Halt zu machen und von der Mitte aus die Silhouette der Stadt zu genießen.

Der Eiserne Steg mit seiner beeindruckenden Metallkonstruktion ist auch beliebtes Motiv von Künstlern: So wählte Ernst Ludwig Kirchner den Brückenlauf für eine eilig wirkende Zeichnung. Max Beckmann stellte die markante schmiedeeiserne Konstruktion in mehreren Gemälden dar.

Der Eiserne Steg wirkt dann wie eine Bühne. Und vom Eisernen Steg aus hat man keinen Zweifel: Frankfurt lohnt einen zweiten Blick. Ein verheißungsvoller Auftakt.

Handkäs
Liebe auf den zweiten Biss

Zugegeben: Er ist gewöhnungsbedürftig. Wie so manches in Frankfurt. Eine im Trockenzustand nach nichts schmeckende, blasse runde Angelegenheit. Kleiner als eine Frikadelle, größer als ein Kaffee-Pad. Und doch eine Frankfurter Berühmtheit. Der Handkäs ist wohl das, was dem Frankfurter nach dem unvermeidlichen Würstchen, Goethe und Grüner Soße als erstes zu seiner Heimatstadt einfällt.

Der Handkäs ist ein Käse aus Magerquark. Er hat nicht mehr als ein Prozent Fett, sein Eiweißanteil liegt bei 25 Prozent. Früher wurden die Käse von Hand zu runden Laibchen geformt – daher der Name. Eingelegt in Essig und Öl und kräftig mit Zwiebeln und Kümmel bestückt, ist der Handkäs vor allem im Sommer, nicht nur dann, eine große Köstlichkeit. Handkäs mit Musik heißt das Gesamtkunstwerk.

Frankfurt eilig

Zwiebeln, drei Stück, weiß, abziehen, klein würfeln
Marinade aus Essig, Öl, Apfelwein, mit Pfeffer, Kümmel würzen
Handkäse zwei Stück, reif, unterlegen, Marinade übergießen, durchziehen lassen

Der Handkäs ist gewöhnungsbedürftig und sein Verzehr folgt klaren Regeln, einem Ritual gleich. So outen sich unkundige Touristen oder Neu-Frankfurter, in dem sie dem gummiartigen Objekt mit Messer und Gabel zu Leibe rücken. Welch Fauxpas. Die Gabel ist im Zusammenhang mit der kalorienarmen Frankfurter Spezialität absolut tabu. Allein mit dem Messer nähert man sich dem Handkäs. Zuvor wird mit selbigem eine Scheibe dunklen Brots mit Butter bestrichen, also Backwerk, das sich durch einen hohen Roggenanteil auszeichnet. Gutes Brot dieser Art zu finden ist auch in Frankfurt nicht ganz einfach. Am besten wendet man sich vertrauensvoll an die *Bäckerei Kronberger* in der Vogelsbergstraße, den *Bäcker Hanss* auf der Brückenstraße oder *Graff* in der Kleinmarkthalle.

Das gebutterte Brot belegt man mit Streifen des Handkäs. Der Verzehr dieser Vorspeise erfordert ein gewisses Geschick, mindestens aber Fingerfertigkeit. Wie beim Essen mit Stäbchen, gelingt auch der Verzicht auf die Gabel rasch: meist nach der Hälfte des ersten Eingelegten.

Jüngere Gastronomen machen Experimente mit Handkäs. Sie zerquetschen den mageren Käse und mengen dann Öl und Essig unter. Das erleichtert die Nahrungsaufnahme und verspricht Essen ohne Hindernisse. Oder sie bieten den Handkäse mit Chilimarinade, grünem Pesto sowie Honig. Ob neumodisch-experimentell oder traditionell, auf jeden Fall: Der Handkäs lebt.

Es bedarf jedoch ehrlicherweise meist einiger Anläufe, um ihn ins Herz zu schließen. Liebe auf den ersten Biss ist beim Handkäs selten. Aber ist die Hürde erst mal genommen, gibt es kein Halten mehr.

Handkäs ist Understatement und Ausweis von Bescheidenheit. Man könnte auch sagen: schlichte Eleganz. Genossen im herrlichen Garten der *Sonne* auf der oberen Berger Straße, im *Solzer* wenige hundert Meter weiter unten oder auf der Terrasse des *Lohrberg* mit Blick über die Skyline. Zum Glück fehlt dann nur noch ein Schoppen Apfelwein.

Das wiederum ist eine ganz eigene Geschichte...

Adorno
Im Namen der Aufklärung

Das Programm der
Aufklärung war die
Entzauberung der Welt.
Sie wollte die Mythen
auflösen und Einbil-
dung durch Wissen
stürzen.

Max Horkheimer /
Theodor W. Adorno,
Dialektik der Auf-
klärung

Leben, das Sinn hätte,
fragte nicht danach.

Theodor W. Adorno
Negative Dialektik

Die Dimension des zweieinhalb Meter hohen Glaskastens deutet darauf hin, dass es sich um etwas Gewichtiges handelt, das an diesem Ort bewahrt wird: Ein Arbeitszimmer unter Glas. Natürlich nicht irgendeins. Ein Stuhl, ein Schreibtisch, darauf ein Metronom und ein handverbessertes Manuskript. Hinweise darauf, dass es sich um das Arbeitszimmer eines Musikliebhabers und Denkers handeln muss. Ein Exemplar der *Negativen Dialektik* auf ebendiesem wuchtigen Schreibtisch verweist auf den Autor dieser Schrift: Theodor W. Adorno. Das gleichnamige Denkmal, geschaffen vom Installationskünstler Vadim Zakharov, und platziert mitten auf dem Campus-Westend der Goethe-Universität, erinnert an den berühmten Philosophen und Mitbegründer der *Frankfurter Schule*.

Es scheint damit zu spielen, dass Mythos und Aufklärung, zentrale Begriffe Adornos, gar keine Geheimnisse sind. Deswegen ist der Kasten durchsichtig und aus Glas. Und deswegen könnte die Botschaft sein, dass Aufklärung stets das Ziel habe, „von den Menschen die Furcht zu nehmen und sie als Herren einzusetzen." Das hat sich nicht irgendjemand ausgedacht. Es ist eine Idee von Theodor W. Adorno. Ans Licht der Welt brachte er sie gemeinsam mit Max Horkheimer. Die Frankfurter Hochschule ist stolz auf die beiden berühmten Denker und ehemaligen Professoren der Goethe-Uni, allen voran auf Theodor Wiesengrund Adorno, kurz TWA genannt. Zusammen mit Horkheimer steht Adorno für die *Kritische Theorie*, die sie aus ihrem Exil in den USA mitgebracht hatten. Geprägt von der Erfahrung der nationalsozialistischen Diktatur, bemühten sie sich darum, die Theorie von Marx, die Ökonomie, mit dem Ansatz von Freud, der Psychologie, in Verbindung zu bringen. Unter dem gläsernen Würfel auf dem Campus steht heute Adornos Arbeitsplatz, beziehungsweise etwas, das der Künstler des Denkmals als solchen inszeniert. Als Ort, an dem Adorno seine Gedanken zu Papier gebracht und eines seiner Hauptwerke, die *Ästhetische Theorie*, verfasst haben könnte. Zuletzt stand der echte Schreibtisch von Adorno im Erdgeschoss eines Büros an der Senckenberganlage, ganz nahe am Eingang des Instituts für Sozialforschung. Dort hat er zusammen mit Max Horkheimer gewirkt. Gemeinsam haben sie der Welt *Die Dialektik der Aufklärung* wie eine Erbschaft hinterlassen. Beide Gelehrte arbeiteten eng zusammen. 1958 hatte Adorno von seinem gedanklichen Mitstreiter Horkheimer, der sich in die Schweiz zurückgezogen hatte, die Leitung des Instituts für Sozialforschung übernommen.

Adorno war der Theoriepapst der Nachkriegszeit, er prägte die junge Bundesrepublik wie kein zweiter Denker, konnte schreiben wie ein Dichter, druckreif sprechen und alle wollten reden und schreiben wie er. Ganze Generationen von Studenten wurden vom Denken dieses seltsam altmodisch wirkenden Herrn mit Glatze und Hornbrille geprägt.

Frankfurt hält Theodor W. Adorno in Ehren. Die Hochschule ist froh, dass dieser Sohn Frankfurts nach 1945 zurückgekehrt ist. Nach seiner Flucht vor den Nazis, nach seinem Aufenthalt im Exil, kam Adorno wieder an den Platz, von dem er zuvor keine Zukunft mehr erwartet hatte. Aber Adorno wusste sein Frankfurt am Main zu schätzen, seinen Geburtsort, die Stätte früheren Wirkens und verbunden mit Tagen, die er als glücklich empfand. In einem Brief an den Schriftsteller Thomas Mann notierte er: „Meine Beziehung zu diesem Institut und die Freundschaft mit Horkheimer geht bis auf meine frühen Studienjahre zurück; sie ist nicht zu trennen von meiner dialektischen Glaubensrichtung und meiner gesellschaftlich-geschichtsphilosophischen Tendenz."

Eine Tendenz, geprägt von der Erfahrung des zivilisatorischen Bruchs durch die Nazis. Adorno stand mit seiner Sicht auf die Welt nie für das Affirmative, ließ stets reichlich Platz für das Negative. Damit erst eröffnete sich für ihn die Möglichkeit, an

Theorie als „Kritische" zu denken. Von ihm ist der Satz verbürgt, der vielleicht eine Spur zu seiner Rückkehr legt: „Philosophie, wie sie im Angesicht der Verzweiflung noch zu verantworten ist, wäre der Versuch, alle Dinge so zu betrachten, wie sie vom Standpunkt der Erlösung aus sich darstellten." Man hat diesen Satz einem Mosaik gleich in die Steine eingelassen, die die gläserne Hülle des Adorno-Denkmals umgeben. Es sind Sätze wie dieser, die die Frankfurter selbst ein halbes Jahrhundert nach Adornos Tod ehrfürchtig machen können.

Manche Frankfurter, die Adorno noch heute wie einen Helden verehren, nennen ihn gerne „Teddie". Oft haben sie seine Vorlesungen im berühmten Hörsaal VI gehört. Oft können sie sich nicht vorstellen, dass man am geistigen Leben in Frankfurt teilhaben kann, ohne Adorno „im H VI" gehört, also seinen Vorlesungen zum dialektischen Denken, zur Ästhetischen Theorie und seinem Nachdenken „aus dem beschädigten Leben" beigewohnt zu haben. Für sie hat er einen Schlüssel zur Erfassung der eigenen Welt geliefert: mit der *Dialektik der Aufklärung*. Bis heute gilt die *Dialektik der Aufklärung* als Schlüsseltext der *Kritischen Theorie*. Ein Erbe, das man in Frankfurt verteidigt. Betonung auf „kritisch". Mithilfe der Kritischen Theorie wollten Horkheimer und Adorno „die Entzauberung der Welt" voranbringen. Kritische Theorie, damit machten sie einen kolossalen Eindruck auf die sich in Frankfurt formende Studentenbewegung. Damals Mitte der 60er Jahre. Adorno war das Idol der aufmüpfigen Bürgerkinder. Ihnen gab er mit auf den Weg, was er in einem berühmt gewordenen Vortrag 1966 über „Erziehung nach Auschwitz" sagte: Adorno sprach vom „Ungeheuerlichen" der Vernichtungspolitik, und machte den Zusatz, dass die Barbarei selbst im Zivilisationsprozess angelegt sei. Genau hingehört haben dürften die jungen Menschen bei Adornos Ausführungen im Hessischen Rundfunk zu „Härte" und zum Ideal der Männlichkeit: „Das gepriesene

Hart-Sein, zu dem da erzogen werden soll, bedeutet Gleichgül-
tigkeit gegen den Schmerz schlechthin." Adorno nimmt Bezug
auf das, was Angeklagte während des kurz zuvor beendeten
Auschwitz-Prozesses gesagt hatten.
Anfang August 1969 ist Adorno ganz plötzlich gestorben. Horkheimer sagte in seiner Trauerrede über ihn, er sei ein Genie gewesen. Und er setzte hinzu: „Seine Haltung war beides, produktiv
und antikonformistisch zugleich."
Adorno war der Star der 68er und vielleicht auch ihr Opfer: Zumindest halten sich hartnäckig Gerüchte, Adorno sei am Konflikt
mit seinen Studenten zugrunde gegangen. Besonders betroffen
habe ihn die Aktion von drei Studentinnen im voll besetzten Hörsaal VI während seiner Vorlesung: das sogenannte Busenattentat.
Dabei bedrängten sie den 65-jährigen Philosophen und enthüllten
ihre Brüste. Tragischerweise wurde dies die letzte Vorlesung, die
Adorno je gehalten hat. Er stirbt im Urlaub in der Schweiz an
einem Herzinfarkt.
„Wie kaum ein zweiter in der Bundesrepublik", habe Adorno
das Bild des Intellektuellen geprägt, sei für sie Vorbild geworden, sagte der Philosoph Jürgen Habermas am Ende seiner Rede
zur Rettung der Moderne. Gehalten bei der Entgegennahme eines bedeutenden Preises, den die Stadt Frankfurt alle drei Jahre
verleiht – des Adorno-Preises. Verliehen am 11. September, dem
Geburtstag von Theodor Wiesengrund Adorno.

Bornheim
Das Dorf in der Stadt

Für Frau Rinzheimer ist das Leben ein Kreislauf. Geboren ist sie in Bornheim. Und jetzt mit Anfang 50 ist es wieder Bornheim. Der Ort im Osten der Stadt, der den Mittelpunkt ihres Lebens ausmacht. „Wo", fragt sie, „will man in Frankfurt sonst leben?" Eine Frage, die man als rhetorisch bezeichnen muss. Denn Frau Rinzheimer nimmt für sich in Anspruch, „a rischtisches Bernemer Medsche", „ein richtiges Bornheimer Mädchen", zu sein. Sie muss es also wissen, die robust wirkende Frau, die die Abläufe für das Personal in diesem Ebbelwei-Lokal in der Berger Straße zusammenhält. Berger Straße, oberer Teil, wohl gemerkt. Dort ist man mittendrin. In unmittelbarer Nähe ist der – nach der Frankfurter Eintracht – wohl berühmteste Verein der Stadt zu finden: „die Turngemeinde". Die kennt jeder, in Bornheim und außerhalb von Bornheim.

Die Turngemeinde Bornheim gibt es bereits seit 1860. Sie zählt heute gut und gern 30.000 Mitglieder und bietet fast alles an Sport, vor allem Breitensport. Groß gemacht hat die TG Bornheim Peter Völker. Er ist Vorsitzender der zweitgrößten Sportgemeinschaft in Hessen. Vor vier Jahrzehnten sprach für ihn noch wenig für eine Erfolgsgeschichte. „Die TG" sei zu diesem Zeitpunkt erledigt gewesen, brauchte unbedingt frischen Wind. Und das Engagement ihrer Mitglieder. Unter Völker schaffte „die TG" die Trendwende und nahm Kurs auf Expansion.

Heute ist „die TG" mehr als nur ein Verein, sie ist ein Medium. Und bringt verschiedene Welten zusammen. Im Verein finden Hippe und Bodenständige zusammen, ertüchtigen sich die, die nicht lange bleiben wollen, und die, die von sich selbst behaupten, ihr Zuhause gefunden zu haben. „Die TG" bietet Trendsportarten wie Surfset und Breakletics, ein Fitness-Studio, aber auch Seniorengymnastik und Tischtennis.

In „der TG" finden Bornheim und das Nordend zusammen, die beiden citynahen Stadtteile im Osten Frankfurts, näher kann man

Bornheim ist seit 1877 ein Stadtteil von Frankfurt. In Bornheim leben etwa 30.000 Einwohner.

Die Bockemer hawe weiter geblickt, die hawe mit uns zusammegerickt; die Bernemer awer warn aach net dumm, die gawe sogar e Milljon dadrum!

Friedrich Stoltze

das moderne und das traditionelle Frankfurt nicht zueinander bringen. Die Berger Straße ist ihre gemeinsame Achse.

Die Berger Straße hat zwei Teile. Der obere Teil gehört zu Bornheim, der untere zum Nordend. Was aber kaum einer weiß. Für die meisten ist die gesamte „Berger" gefühlt Bernem.

Ob oberer oder unterer Teil. Zwischen beiden läuft der Alleenring, ein Einschnitt, der an dieser Stelle Höhenstraße heißt. Die Durchgangsstraße bringt alles durcheinander. Ohne die Querverbindung von Ost nach West wäre Bornheim vielleicht noch das, was einige örtliche Vereine, selbst manche Kommunalpolitiker, vor allem aber fast alle Bernemer herbeisehnen – ein Dorf.

Eben ein Fleck Frankfurt, in dem man sich auskennt. Komme was wolle. Aber mit der Höhenstraße ist daran nicht mehr recht zu denken. Die Straße ist wie der Verlauf einer Grenze.

Untere Berger Straße, obere Berger Straße, gehört eigentlich alles zusammen, geht aber nicht zueinander. Es sind zwei Welten. Bodenständigkeit ist nur ein anderes Wort für den oberen Teil der Berger Straße, das Neue findet seinen Platz im unteren Teil, der für sich selbst den Anspruch erhebt, das moderne Frankfurt zu sein.

Im oberen Teil ist Frankfurt für viele Bewohner so wie Frankfurt sein soll. Deswegen legen die Bornheimer auch viel Wert darauf, den vielleicht schönsten Wochenmarkt der Stadt ihr Eigen zu nennen: zwischen Saalburgstraße und Uhrtürmchen. Immer mittwochs und samstags wird es dann richtig eng rund um das *Café Wacker* im ehemaligen Zigarrenlädchen. Mit Ständen für den Erwerb von Gemüse, Käse, Holzofenbrot und marinierten Oliven. Entlang der Berger Straße, im oberen Teil, wohl gemerkt. So etwas, denkt man im oberen Teil, haben die im unteren nicht. Das moderne und das eher traditionelle Frankfurt stehen sich in Bornheim und im Nordend gegenüber. So etwas hat der gestandene Frankfurter eigentlich gern. Vor allem, wenn es sich auch mal mischt. Etwa in der erwähnten Turngemeinde Bornheim mit Sitz im oberen Teil der Berger Straße. Ganz in der Nähe zu dem Traditionslokal, in dem Frau Rinzheimer schafft. Hier bleiben manche Mitstreiter „der TG", wie ganz Bornheim den Verein nennt, nach dem Ende des Trainings noch auf „einen Schoppen". Das ist Tradition.

Bornheim und Nordend, ihre gemeinsame Linie bleibt die Berger Straße, ihre Kluft der Alleenring. Das sieht Frau Rinzheimer auch so. Sie ist das Bernemer Medsche, das nie wieder weggehen will. Geht den meisten in Bornheim so. Sie sagen, sie würden „im lustigen Dorf" leben. Diese Bezeichnung wird gemeinhin auf die vielen Ebbelwei-Kneipen und Tanzlokale zurückgeführt, für die Bornheim seit Jahrhunderten bekannt war, aber auch auf die Prostitution. Zumindest letztere ist lang vorbei.

Und die Menschen, die in Bornheim leben, führen ihren Wohnort wie einen Akt der Selbstbehauptung vor. Sie grenzen sich damit ab. Gegen die Hochnäsigen aus dem Nordend, die aus der Sicht des Bornheimers das echte Leben nur von ihren abendlichen Exkursionen zu Rippsche und Schöppsche nach Bornheim im oberen Teil der Berger Straße kennen, recht betrachtet aber eigentlich gar nicht mitreden können. Bornheimer hingegen halten Traditionen wie das Aufstellen eines Kerbebaums für etwas ganz Authentisches im Leben, nach dem man wohl im Nordend lange suchen muss. Bornheimer lieben schließlich Kirmes, die sie „Kerb" nennen, „Bernemer Kerb". Schließlich ist die Welt doch auch ein Karussell.

Im Bereich des unteren Teils der Berger Straße gibt zwar längst eine ähnliche Dichte an Kneipen wie im oberen Teil. Aber traditionelle Apfelweinwirtschaften? Fehlanzeige. Für die herrlichen Gaststätten wie den *Solzer* oder *Zur Sonne* ist der obere Teil berühmt. Wahrscheinlich sind die „oben" froh, nicht „unten" zu wohnen, wo doch die Mieten merklich teurer sind. Und

vermutlich erzählen die „unten" davon, wie „verbaut" es „oben" ist, weil sich Stadtplaner schon lange nicht mehr dorthin trauen, wo es so aussieht, als bauten alle so wie sie wollten.

Eng ist es um die Johanneskirche in Alt-Bornheim, liebevoll „Zwiwwelkersch" genannt, schmale Fachwerkhäuschen und die eine oder andere Bausünde. Doch machen wir uns nichts vor – gentrifiziert, wie man sagt, ist auch der obere Teil der Berger Straße. Wie eigentlich alle Ecken, die lebenswert sind.

Die „unten" gestehen denen „oben" zu, sich mit der Stadt und auch dem Leben auszukennen. Sie sprechen dann, ohne eine konkrete Person vor Augen zu haben, von „der Oma aus Bornheim". Diese Großmutter gilt als eine Instanz, weil sie verstehen muss, was es im Allgemeinen zu verstehen gilt und was verständlich gemacht werden soll. Deswegen messen Frankfurter die Gewichtung von Gründen und die Plausibilität von Argumenten nicht selten an „der Oma aus Bornheim". Was die „Oma aus Bornheim" versteht, ist allen in Frankfurt plausibel zu machen.

Zu Bornheim gehört die Beschwörung, auf jeden Fall in Bornheim zu bleiben. Ist man erst einmal da, gibt es kein zurück mehr. Stadt kann gemütlich sein, ein gutes Leben bieten und überschaubar sein. Eben so wie in Bornheim. Einmal für immer. Die Oma weiß gleich, was gemeint ist.

Grüne Soße
Der Frankfurter Klassiker

Kein Firlefanz. Es gilt die asketische Linie. Bodenständigkeit ist eine Tugend. Joghurt, keine Majo; vielleicht ein bisschen Senf, Pfeffer, Salz, versteht sich; möglicherweise eine Spitze Meerrettich und wenn es gut läuft, einen Teelöffel Schmand. Sonst nichts. Außer Kartoffeln und eben den sieben Kräutern. Eier, hart gekocht, sind akzeptiert. Zur Not gibt es Tafelspitz oder Ochsenbrust dazu, zur Not.

Sieben Kräuter musst Du hacken. Kerbel: Küchenkraut, bringt eine süßliche Note, ein Muss. Kresse: frisch, leichte Schärfe, gut dosieren. Sauerampfer: säuerlich, wirkt wie Essig. Borretsch: hochwachsendes Kraut, gurkenähnlicher Geschmack. Pimpinelle: pikant, fein, nussig, Heilkraut mit aseptischer Wirkung, erst am Ende zugeben. Schnittlauch: dezenter Knoblauch-Akzent, milde Schärfe. Petersilie: traditionell mit krausem Blatt, wertvoller Vitamin-C-Lieferant.

Gut waschen, trocknen, klein hacken, mit einer gewissen Akribie, richtig klein. Sonst gibt es böse Blicke. Erst recht für den Einsatz des Mixers. Ist unter echten Frankfurtern nicht zu überleben. Also: klein hacken, ziehen lassen, mit Senf, Salz und Pfeffer zubereiten und nach zwei, drei Stunden mit dem Saft von zwei frischen Zitronen den Joghurt unterziehen. Das Ganze eine Stunde stehen lassen. Erst dann allmählich umrühren, auch um die grüne Einfärbung der Speise behutsam zu fördern.

Dazu hart gekochte Eier und mehlige Kartoffeln – unschlagbar. Bloß kein Firlefanz. Die Fähigkeit zur Zubereitung dieser Speise gilt als Beleg für die Bereitschaft, die Stadt zu verstehen. Für gestandene Frankfurter steht außer Frage: Mit dem Durchblick bei der *Grie Soß* wächst auch das Frankfurt-Gefühl.

Kräuter

Kerbel, Kresse, Sauerampfer, Borretsch, Pimpinelle, Schnittlauch, Petersilie. Macht sieben. Gut waschen, fein hacken. Weiß jedes Kind. Gut abschmecken. Und gut ziehen lassen. Frankfurt liebt es.

Grüne-Soße-Denkmal

In Oberrad gibt es ein Denkmal, dass der Regionalspeise gewidmet ist: Sieben kleine Gewächshäuser in unterschiedlichen Grüntönen, jedes einem Kraut der Grünen Soße gewidmet. Bei Dunkelhaus leuchten die Häuschen.

Adresse: Speckgasse 7

Eintracht Frankfurt
Die Diva vom Main

Es ist schwer, aber unvermeidlich, die *Eintracht* zu lieben. Zumindest für echte Frankfurter oder solche, die es werden wollen. Schließlich ist die *Eintracht* eine Diva und macht es den Fans nicht leicht. Mit ihren traditionell recht unsteten Leistungen: mal überragend bis sensationell, mal eher mittelprächtig. Aber wahre Fans kann das nicht schocken, schließlich ist die *Eintracht* ihre Heimat. Ihr Zuhause heißt Waldstadion.

Waldstadion

Das Stadion von Eintracht Frankfurt liegt im Süden der Stadt, im Stadtwald. Es fasst 51.000 Zuschauer. Offiziell heißt das Stadion Commerzbank-Arena. Fans von Eintracht Frankfurt nennen die Spielstätte nach wie vor Waldstadion.

Im Waldstadion singen die Fans den Choral *Eintracht vom Main*. Man begreift sofort, dass das ein Lied für ganz besondere Anlässe ist. Deswegen kommt in dem Lied auch der Name eines Spielers vor, der als ganz Großer bei der *Eintracht* gilt: Jürgen Grabowski. An sein gemeinsames Spiel mit Bernd Hölzenbein erinnert sich der Fan von Eintracht Frankfurt voller Wehmut. Denn zu dieser Zeit war das Duo das Rückgrat der deutschen Fußball-Nationalmannschaft. Bei drei Weltmeisterschaften trat Grabowski für Deutschland an: 1966, 1970, 1974. In München stand er 1974 gemeinsam mit Hölzenbein im Finale und gewann die Trophäe. Grabowski, Weltmeister.

Vor dem Beginn jeden Heimspiels huldigen die Fans mit der Hymne „dem Jürgen". Kein Wunder, dass die Macher des Eintracht-Museums Jürgen Grabowski mittlerweile eine eigene Vitrine gewidmet haben. Für Vorstandschef Axel Hellmann kann in dem Museum unmittelbar in Nachbarschaft zum Waldstadion „Eintracht-DNA hautnah erlebt werden".

Das Publikum singt zu Beginn jeden Heimspiels im Waldstadion über die Legende der Eintracht: „Wir haben die Eintracht im Endspiel gesehen, mit dem Jürgen, mit dem Jürgen, (...) mit dem Jürgen Grabowski." Klingt etwas sperrig, ist aber nunmal ein Lied für besondere Anlässe – und eben für mächtig verehrte Spieler der Eintracht.

Das Stadion, das heute als *Commerzbank-Arena* in den Plänen für den Süden der Stadt auftaucht, ist bereits das vierte Stadion an gleicher Stelle. Man hat die Fußball-Weltmeisterschaft 2006 zum Anlass genommen, um es in den Jahren zwischen 2002 und 2005 bei laufendem Betrieb nach und nach zu errichten. Seit dem Umbau muss sich Frankfurt mit seinem Stadion nicht mehr verstecken: Wie in den Arenen in München und Dortmund hat man auf Laufbahnen für Leichtathleten verzichtet und ein reines Fußballstadion gebaut. Auf mehr als 51.000 Plätzen kommen die Zuschauer näher an das Spielfeld ran: Schön steil. Prägnant ist das Zeltdach, das das gesamte Spielfeld überdecken kann. Man schließt es allerdings nur bei Regen und Schnee.

Die Arena ist also ein modernes Gebilde, und doch nennen Fans sie weiter hartnäckig Waldstadion. *Commerzbank-Arena* sagt kein Mensch. Damit kann sich der Neu-Frankfurter sofort als eben solcher outen. In den Kanon des Wissens für jeden Neuzugang gehört also: Waldstadion. Das ist der Ort, an dem man Eintracht Frankfurt treffen kann. Die Heimat der Fans. In guten wie in schlechten Zeiten. Die Fans, richtige Fans, schwören ihrer „Eintracht vom Main" ewige Treue. Denn: „Nur Du sollst heute siegen", wie es in der Eintracht-Hymne heißt. Und eigentlich immer.

Davon konnte jedoch oft keine Rede sein. Es gab Zeiten, in denen die Mannschaft „die Klasse nicht halten konnte", also abgestiegen ist. 2011, der vierte Abstieg nach 1996, 2001 und 2004, das bescheinigten Experten der Eintracht – es hätte nicht sein müssen. Wäre doch mehr drin gewesen. Schließlich fehlten nach der Hinrunde gerade mal zwei Punkte zu den internationalen Plätzen. Also hätte die Mannschaft zu diesem Zeitpunkt nicht auf das Ende der Tabelle gucken sollen, sondern den Blick nach vorne richten müssen. In der Winterpause hätten sich die Spieler am besten mit der Dimension „Europa" vertraut gemacht. Es ist das stetige Auf und Ab, diese Unberechenbarkeit. Deswegen bezeichnen manche die Eintracht auch als die „Diva vom Main".

Mein Problem ist, dass ich immer sehr selbstkritisch bin, auch mir selbst gegenüber.

Andy Möller
Fußball-Legende

Der wahre Fan erinnert natürlich am liebsten an die legendären Spiele. Wie beim Europapokal der Landesmeister gegen Real Madrid 1960. Lange her, aber unvergessen. Real Madrid, „kein einfacher Gegner", sagt dazu der Eintracht-Fan gern. Aber die Mannschaft gab in dem Spiel alles. In der achtzehnten Minute geht Richard Kreß auf der rechten Seite durch. Er spielt in diesem Augenblick den Ball an Torhüter Dominguez vorbei und macht das 1:0. Kreß ist der Mann, dem das Führungstor gelingt. Und Fans von Eintracht Frankfurt setzen wie selbstverständlich hinzu: Kreß erzielt das verdiente Führungstor. Schließlich versteckt sich die Mannschaft aus Frankfurt, die sich für diesen Wettbewerb als Deutscher Meister des Jahres 1959 qualifiziert hatte, an diesem frühlingshaften Mittwoch zumindest in der Anfangsphase überhaupt nicht.

Das Finale gegen Real Madrid gilt als eines der schönsten Spiele in der Geschichte des Fußballs. In den 70 Minuten, die dem Führungstor durch Kreß folgen, erleben die 134.000 Zuschauer im Hampden Park in Glasgow bezaubernden Fußball, dominiert schließlich von den Spielern von Real Madrid – in einer Mannschaft, die gänzlich neue Maßstäbe setzt. Mit dem Spielmacher Ferenc Puskás, mit Alfredo Di Stéfano und mit Francisco Gento. Von diesem Endspiel auf europäischer Ebene schwärmen Fans des Fußballs bis heute.

Die Fans in Frankfurt erst recht. Am Ende gelingt Real Madrid zwar ein 7:3-Erfolg. Für die *Eintracht* aber ist es eine Zeitenwende. Ein wegweisendes Spiel. Aus diesem Grund sprechen viele *Eintracht*-Begeisterte bis in die Gegenwart hinein von „Europa", wenn sie sportliche Ziele ihrer „SGE" beschreiben. Sie rufen dann nach einem gewonnenen Bundesliga-Spiel voller Überzeugung: „Europa – wir kommen." Sie könnten auch sagen: „Endlich mal wieder Europa", denn vom Erfolg verwöhnt sind die Anhänger der SGE, der Sportgemeinschaft Eintracht Frankfurt, bestimmt nicht. Erfolge in Europa, die Deutsche Meisterschaft und der Gewinn des UEFA-Cups im Finale gegen Borussia Mönchengladbach liegen doch reichlich lange zurück. Und so nimmt die *Eintracht* heute doch gern eine gewisse Bescheidenheit für sich in Anspruch. Dazu gehört auch, dass der Vorstand des Vereins nicht jede Fantasie-Summe für einen neuen Spieler zu zahlen bereit ist. Bayern München, das sich auf dem Weltmarkt nach begehrten Kickern umsieht, wolle man nicht nacheifern. Das hängt auch damit zusammen, dass Sponsoren des Vereins nur selten die großen örtlichen Wirtschaftsakteure sind, sondern vor allem den zeitnahen Umsatz für ihr neues Automobil oder ihre Biermarke im Auge haben.

Früher war das ohnehin kein Thema: Die Spieler, die 1960 im legendären Finale gegen Real Madrid neue Maßstäbe setzten, gingen neben dem Fußball noch einem „ordentlichen" Beruf nach. So verkaufte etwa Richard Kreß, der Rechtsaußen, der das sensationelle erste Tor im Finale gemacht hatte, in seiner Drogerie im Oeder Weg Düfte für Damen und Herren.

Doch entscheidend war und ist, was auf dem Platz passiert. Jeden zweiten Samstag, meist 15:30 Uhr, im Waldstadion. „Eintracht vom Main, nur Du sollst heute siegen...", singen die Fans dann. Es ist einfach unvermeidlich, die Eintracht zu lieben.

Buchmesse
Die Welt in Frankfurt

Eine Fünf-Tage-Party im Herbst. Ein Spektakel für Schriftsteller, Promis und solche, die welche werden wollen. Ein Marketing-Marathon für Verlagsleute. Gemeint ist die größte Bücherschau der Welt: die Frankfurter Buchmesse.

Viele tausend Aussteller aus der ganzen Welt bringen ihre Bücher nach Frankfurt – Ideen, Gedanken, Debatten und Kontroversen. Immer mit dabei ist auch ein Ehrengast. Ein Land stellt sich und seine Bücher vor, im Gepäck einen Haufen Dichter und Denker. Da gibt es echte Entdeckungen. Die Sieger der Herzen waren auf jeden Fall die Isländer 2011: Haben einfach alle umgehauen. Kleines Land, großartige Leute. Die meisten Besucher dachten bei „Island" zunächst an Vulkane und Saunagänge, frischen Fisch und teuren Schnaps. Und wurden vom Gastland-Auftritt eines Besseren belehrt. Dass die Isländer alle schreiben, hatte doch auf dem Festland wirklich niemand gedacht. Vielleicht schreiben nicht alle, aber bei der Buchmesse entstand während der fünf Tage der Eindruck: fast alle. Alles potentielle Dichter. In Frankfurt dachten viele: Die Isländer sind ein gebildetes Völkchen von einer Insel, die sich untereinander vielleicht nicht alle persönlich kennen, aber fast.

Andere nutzen die Öffentlichkeit der Buchmesse dazu, ihre Rückkehr zu demonstrieren. Das ist den Franzosen 2017 auf beeindruckende Art und Weise gelungen: Sie kamen im Herbst nach Frankfurt und zeigten, dass über ihren Star-Autoren Michel Houellebecq hinaus eine ganze Equipe von aufregenden Schriftstellern im Nachbarland Fuß fassen konnte. Brasilien, Indonesien, China – immer bringen die Ehrengäste Ideen und Traditionen mit und sorgen für Diskussionen.

„Dies ist, was wir teilen." Das war der Slogan der Literaten aus Flandern und den Niederlanden 2016. Das ist, was wir teilen. Könnte ein Leitsatz der Buchmesse sein. Klingt gut. Demokratisch und so, als könne jeder mitmachen. Was wir teilen, ist das

Die größte Buchmesse der Welt bietet Frankfurt jedes Jahr im Herbst. Sie ist ein Forum für Neuerscheinungen, vor allem aber für Debatten und für politische Bewertungen.

Zum Abschluss der Buchmesse vergibt der Börsenverein des Deutschen Buchhandels in der Paulskirche den Friedenspreis. buchmesse.de

Lesen, sind die Bücher. Klingt fast wie ein Bildungsprogramm. Aber ganz unaufdringlich. Wer will, kann mitmachen, muss es aber nicht. Ein Leitsatz mit viel Strahlkraft.

Einmal im Jahr ist in Frankfurt alles anders: Dann spricht die Welt über eine Ware, die Respekt verlangt – das Buch. Jedes Jahr in Frankfurt. Jedes Jahr im Oktober. Dann werden die ersten drei Tage für das Fachpublikum reserviert. Zum Wochenende gehört die Messe den Amateur-Lesefreunden. Pro Jahr rechnen die Veranstalter mit etwa zwei Millionen Besuchern.

Die Buchmesse, große Schwester der viel kleineren Präsentation im Frühjahr in Leipzig, ist auch eine grandiose Show, ein großes Tamtam. Frankfurt und Leipzig – das ist früher eine wichtige Verbindung im Deutschland vor dem Zweiten Weltkrieg gewesen. Auf diese Fährte stößt die L3209, die durch Frankfurts östlichen Ortsteil Bergen führt. Wer dort nach links abbiegt, hat es nicht weit bis zur Hohen Straße, die ein Abschnitt der ehemaligen Via Reggia gewesen sein soll. Diese Route startete in Mainz und war seit dem Mittelalter eine Verbindung zwischen Frankfurt und Leipzig. Hier am Wegrand und kurz vor einem kleinen Waldstück steht die *Buchskulptur* aus Kunststoff, geschaffen nach einem Entwurf von Robert Gernhardt. Die Skulptur, ein fast mannshoher Buchdeckel mit Gernhardts wunderbarem „Frankfurter Grüngürteltier" auf dem Cover – der grüne Schwanz schlingt sich forsch um den Buchrücken.

Wenn Buchmesse ist, freuen sich Frankfurter und ihre Gäste auf die Schriftsteller und das Saufen. Ist heute nicht mehr so ausgeprägt, weil es den Verlagen schon besser ging und manche Empfänge etwas bescheidener ausfallen. Aber am Abend fühlen sich viele Kollegen doch ein wenig aufgewühlt. Nach Einbruch der Dunkelheit und Abbruch des Messetages zieht es viele zu den Empfängen der Verlage. Zumindest die Glücklichen, die eine Einladung ergattern konnten – etwa zum *Beck-Verlag* im Hessischen

Hof, zu *Rowohlt* in die Kunsthalle Schirn, dem *Fischer-Verlag* im Literaturhaus. Dort gibt es Weißwein und Fingerfood, kluge Köpfe, Literatur-Groupies und Wichtigheimer. Der ganz spezielle Buchmessen-Mix eben. Frankfurt am Main ist in diesen Tagen nun mal etwas ganz Besonderes. Lesungen und Literaturtalk an allen Ecken der Stadt: Im Römer, im Kunstverein, im Haus am Dom, in der Deutschen Bibliothek, überall.

Die Buchmesse ist immer auch ein Forum der Gegenwart. Jedes Jahr gibt es Skandale und politische Debatten. Auf der Buchmesse flirtete Macron mit Merkel, traten verfolgte Journalisten und Schriftsteller wie Can Dündar, Aslı Erdoğan oder Salman Rushdie auf, gab es Proteste gegen rechte Verlage.

Die Buchmesse bietet trotz des ganzen Trubels um ein neues Werk von Thomas Gottschalk, von dem es heißt, es soll autobiografische Züge tragen, auch die Möglichkeiten des Rückzugs. Burkhard Spinnen, selbst ausgewiesener Schriftsteller, gerät geradezu ins Schwärmen, wenn er „vom Buch als Rettung", vom Anker in einer anderen Welt spricht. Niemand hat das Gefühl, in der anderen Welt verloren zu sein. Schließlich ist es doch das Buch, das wir teilen.

Die Buchmesse behauptet deshalb von sich selbst, „Welthauptstadt der Ideen" zu sein. In diesem Sinne ist Frankfurt am Main an diesen Tagen im Herbst ein bisschen anders. Von Anfang an. Noch bevor die Messe beginnt, verleiht der *Börsenverein des Deutschen Buchhandels* im Frankfurter Römer den Deutschen Buchpreis. Für etwas, das wir teilen. Etwa das Werk von Robert Menasse über Europa. Ein Roman über die Hauptstadt des politischen Gebildes, das nach dem Krieg andere Akzente setzte. Es geht Menasse um das ganze Europa und um seine Ideen im Namen der Aufklärung und des Buches. Das hat er wirklich gut gemacht. Und für prima Stimmung gesorgt. Die hält nicht immer bis zum letzten Atemzug der Messe, wenn am Sonntag der Friedenspreis in der Paulskirche vergeben wird. Aus diesem Anlass machte der Schriftsteller Martin Walser 1998 deutlich, er halte es für wenig hilfreich, dass man den Deutschen ihre nationalsozialistische Vergangenheit ständig vorhalte und Auschwitz zu einer „Moralkeule" geworden sei. Walsers Rede sorgte für eine Debatte, die mit einer bis dahin nicht gekannten Heftigkeit geführt wurde. Eine solche Haltung wollten schließlich nur wenige teilen.

Frankfurter Rundschau
Linksliberales Blatt mit grünem Strich

Freitags ist immer ein besonderer Tag gewesen. Dann verabredete man sich als junger Student in der Innenstadt. Genauer gesagt: Vormittags am Eschenheimer Turm. Denn direkt gegenüber dem alten Wehrturm saß die *Frankfurter Rundschau*. Wer etwas auf seine fortschrittliche, weil aufgeklärte Haltung hielt, musste das Blatt lesen. Verstand sich von selbst. Und wer in Frankfurt eine Wohnung suchte, kam damals überhaupt nicht an der FR vorbei. An der Zeitung mit dem aktuellen Immobilienteil. Immer freitagmittags. Alsbald bildete sich an den Vormittagen des Freitags die Schlange der Wartenden auf die *FR am Abend*. Vor dem Kiosk direkt im Rundschau-Haus. Direkt hinter der runden Ecke. Dort richtete sich Woche für Woche schnell die Schlange ein. Manche brachten in Thermoskannen Kaffee mit, andere wollten auf gar keinen Fall ihre Stulle missen. Der Mann am Kiosk verkaufte die FR von der Mittagstunde an unmittelbar nach ihrem Eintreffen aus der Druckerei nahe Frankfurts und zum ungewohnten Preis: Zwei Kilo Zeitung für gerade mal 70 Pfennig. Eine Zeitung, die dafür vielleicht sogar das große Los der Woche brachte.

Damals hatte noch kein Mensch ein Handy, gab es erst recht kein Smartphone. Deswegen bildeten die Wohnungssuchenden am Freitagmittag in der Innenstadt ganz eigene Strategien aus. Ein Team brauchte mindestens drei Leute: Einen, der sich in die Schlange vor dem Kiosk der Rundschau stellte, einen, der in der Schillerstraße das nächste Telefon freihielt, das damals noch in Zellen untergebracht war, und schließlich einen, der sein Auto bereithielt, um zügig nach Bornheim, ins Nordend oder nach Bockenheim zu kommen.

Bornheim, das Nordend und Bockenheim sind innenstadtnahe Quartiere in Frankfurt. Mit einem hohen Anteil an Altbauten. Orte, die für eine Wohnungssuche bei Studenten in Frage kamen. Über andere Stellen der Stadt sprach man besser erst gar nicht, vielleicht konnte man sich noch an den Gedanken gewöhnen, ins

Am 1. August 1945 erscheint die erste Ausgabe der *Frankfurter Rundschau*. Das Blatt berichtet auf der Titelseite über Wahlen in Großbritannien. Die erste Ausgabe kostet 20 Pfennig, erscheint in einer Auflage von 400.000 Exemplaren und umfasst gerade mal vier Seiten.

Ostend oder nach Sachsenhausen zu ziehen. Alles andere kam nicht vor. Und war damit auch tabu.

Man glaubte, als Student ganz neue Wege gehen zu müssen und bei der Wohnungssuche unbedingt ein gewisses Tempo an den Tag zu legen, denn der Erste würde auch zuerst die Wohnung sehen: Kapitalismus eben. Drei Zimmer, 70 Quadratmeter, sollten nicht mehr als 700 Mark kosten. Der Quadratmeter unter zehn Mark, erschien akzeptabel. Altbau versteht sich, am besten unsaniert und oft mit einem Frankfurter Bad. So nannten sich die eigenwilligen Sitzbadewannen oder Duschen, die sich meist in einer Nische der Küche befanden. Konnte man sich alsbald mit anfreunden.

Hauptsache, man hatte die Nase vorn. So ging das ein um den anderen Monat, das Semester rückte näher, aber keine Wohnung, nirgends. Und jeden Freitag das gleiche Spiel.

Aber zur *Frankfurter Rundschau* entstand mit der Suche nach der ersten eigenen Wohnung ein ganz inniges Verhältnis. Das Stehen in der Schlange sollte der Anfang der Eigenständigkeit sein. Man musste die Zeitung haben, um die Aussicht auf eine Wohnung zu kriegen. Aber man wusste gleich: Dieses Blatt ist etwas ganz anderes, da sollte sich niemand etwas vormachen. Die Qualitätszeitung mit dem grünen Strich war deutschlandweit die Zeitung aller fortschrittlichen, linksliberalen Geister, die Zeitung der Friedensbewegung, der Startbahn West, ein Medium, das Minderheiten zu Wort kommen ließ und den Geknechteten die Stimme lieh. Schließlich war die *Rundschau* auch die erste deutsche Zeitung in der US-amerikanischen Besatzungszone, die Nummer 1 erschien am 1. August 1945. Man konnte also sagen: Mit der FR beginnt die neue Zeit. In der ersten Nummer stand das Ergebnis der englischen Unterhauswahlen ganz vorn, die Clement Richard Attlee eine absolute Mehrheit gebracht hatten. Dafür machte das

Blatt von Anfang an kräftig Werbung: „Die neue *Frankfurter Rundschau* ist Ausdruck unseres ehrlichen Willens zur demokratischen Zusammenarbeit!"

Ohne die *Rundschau* konnte man sich Frankfurt früher überhaupt nicht vorstellen. Schließlich nimmt die Stadt für sich in Anspruch, ein Ort der Liberalität zu sein. Ein Anspruch, der behauptet sein will.

Café Größenwahn
Ein letztes Glas

Café Größenwahn
Lenaustraße 97
Telefon 069-59 93 56
Reservierung geboten

cafe-groessenwahn.de

Am Ende des Abends gibt es immer einen Schuss. So etwas kann man nur in diesem Lokal bekommen. Der Schuss ist nur ein Mittel, um das Ende des Abends noch ein bisschen hinauszuzögern. Nur noch einen Schuss. Morgen ist schließlich ein anderer Tag. Möglich, dass der neue Tag nach Feierabend wieder in diesem Lokal zu Ende geht. Vielleicht mit einem Schuss.

Mehr aber auch nicht. Schließlich hat man doch gut gegessen. Und dazu bereits etwas getrunken. Nicht viel, aber mal kein Weizen, sondern einen der Weißweine aus der Pfalz ausprobiert. Gegangen wäre danach auch noch ein Zweiter. Früher sowieso. Aber inzwischen denkt man doch an das Morgen in seiner Gesamtheit, erwägt nicht nur flüchtigen Kopfschmerz in den Stunden des Aufstehens. Soll doch der dicke Mathias, der mit einem „t", den hier jeder kennt, soll der doch ruhig ein Bier nehmen. Also lieber doch jetzt nur noch einen Schuss.

Das Essen ist gut gewesen. Wie immer. Das geht jetzt schon seit Jahrzehnten so. Anfangs, bei den ersten Besuchen dieser Kneipe, gab es schon einen Moment der Skepsis wegen des Namens. Wie kommt man denn auf so etwas? Gleich fällt einem München ein: Die können ihre Wirtschaften ruhig so nennen, die Bayern, denkt man, aber Frankfurt doch nicht. „Größenwahn" in Frankfurt. Muss man drauf kommen. Und dann noch *Café Größenwahn* – dabei hat das *Größenwahn* mit einem Café inzwischen relativ wenig zu tun, dafür ganz viel mit einer herrlichen Kneipe, einem Bistro.

1978 entstanden aus dem Geiste der Studentenbewegung – zeitgleich mit dem Strandcafé in der Koselstraße und dem Schwulenzentrum *Anderes Ufer*. Bewegte Zeiten, und auch die Macher des Größenwahns, Hans-Jürgen und Hans-Peter, einst Mitglieder der *Roten Zelle Jura*, wollten nichts weniger als die Welt verändern – und begannen damit erst mal „im Wirtshaus". Ihr Motto: „Die Welt soll wärmer und weiblicher werden". Am Tresen des

Größenwahn wurde über die Revolution gestritten, trafen sich Spontis, Schwule und Sanyasins, wurden Beziehungen geknüpft und Liebesdramen inszeniert. Joschka Fischer war hier Gast, wie Jutta Dittfurth und der Zeichner Chlodwig Poth.

Inzwischen quetschen sich Banker neben angegrauten Lehrern und jungen Familien um die großen Tische. Noch immer ist die Stimmung gut und das *Größenwahn* jeden Abend voll. Noch immer ist der Zweierplatz am Klavier begehrt, lassen sich die Gäste von Regine über die jüngste Eintracht-Niederlage hinwegtrösten. Und die handgeschriebene und ständig aktualisierte Speisekarte reichen: kein Schnickschnack, inspiriert und bodenständig zugleich. Bezahlbar und lecker.

Wie der Blattsalat mit Walnüssen und Roter Beete, die von einer gewissen Schärfe angehauchte Avocado und vor allem das Zitronen-Hühnchen. Zum Ausprobieren und Nachmachen inspiriert das Lammhack, das die Küche für diesen Abend in Wirsing eingerollt hat. Dazu passt gut ausgesuchter Wein, den Winzer im Rheingau oder in der Pfalz gepflegt haben. Wem nach Bier ist, nimmt den aus der örtlichen Brauerei stammenden Trunk. Diesen Gerstensaft kann man nicht vermeiden, spätestens, wenn man sich zu guter Letzt für einen Schuss entscheidet.

Der Schuss ist eine kleine Geste der Zuneigung der Kneipenmacher an ihre Gäste. Denn am Ende des Abends verbindet sich damit für die Besucher dieser Frankfurter Institution zum halben Preis eines stinknormalen Bieres die Möglichkeit, doch noch einen Moment zu bleiben, um über eine neue Liebschaft zu sprechen oder Hans-Jürgen zu sagen, dass es mal wieder ein wirklich netter Abend in seinem *Größenwahn* gewesen ist. Vielleicht wird man es beim nächsten Mal am Ende des Abends auch nicht bei einem Schuss belassen.

Sachsenhausen
Frankfurt urban

Sachsenhausen ist nicht nur ein Stadtteil. Sachsenhausen ist eine Ecke von Frankfurt, wie man sich Stadt überhaupt vorstellt. Sachsenhausen ist Lebenseinstellung, für viele Sachsenhäuser der einzig denkbare Wohnort in Frankfurt: Sachsenhausen ist ein Mythos.

Man kommt nach Sachsenhausen, wenn man die Innenstadt hinter sich gelassen hat. Kann man zu Fuß machen und die Breite des Flusses auskosten. Ruckzuck kommt „die scheel Sick", wie der Kölner sagt, wenn er aus der dortigen City nach Deutz kommt. Die Frankfurter sagen: „Dribb de Bach", „drüben vom Bach", auf der anderen Mainseite. Die gegenüberliegende Seite der Stadt ist dann „Hibb de Bach", „hüben vom Bach". Ist doch ganz logisch. Das eine liegt im Norden, das andere im Süden. Ganz einfach. Direkt hinter dem Eisernen Steg beginnt das gelobte Land.

Sachsenhausen ist großzügig. Es ist großräumig. Viele Straßen sind breit, breiter als andere, denn eigentlich sind die Straßen Frankfurts nicht sonderlich breit und nur ganz selten großzügig. Sachsenhausen hat etwas zu bieten: Das wissen die 56.000 Menschen, die hier eine der begehrten Wohnungen ergattert haben. Man kriegt hübsche Sachen und selbst Einkaufsmuffel sollen hier eine gewisse Lust bekommen, shoppen zu gehen – jenseits der öden Zeil. Etwa in der Brückenstraße. Sie bietet ausgefallene Läden mit kleinen und feinen Sachen. Etwa im *Ich war ein Dirndl* oder *Goya Goya*. Unweit davon gibt es das vielleicht beste Brot der Stadt – beim *Bäcker Hanss*. Und eine hohe Hippster-Dichte, samstags beim *Streetfood-Markt im Hof* mit Craftbier, Burgern und belegten Broten. Jeden zweiten Samstag gibts am Sachsenhäuser Mainufer Flohmarkt. Die echten Freaks allerdings monieren, es gebe hier zu wenig Trödel-Schnäppchen und zu viele Profis. Wem das zu öde ist, dem bietet das Mainufer eine gute Alternative: die längste Museumsufer-Meile der Welt. Neun Ausstellungshäuser allein auf der südlichen Seite des Mains. Eine

ichwareindirndl.de

goyagoya.com

baeckerei-hanss.de

marktimhof.de

lohninger.de

zumgemaltenhaus.de

apfelwein-wagner.com

kanonesteppel.de

lorsbacher-thal.de

exenberger-frank
furt.de

Promenade der Museen: Man kann von einem zum nächsten ge-
hen, ohne mehr als sieben Regentropfen abzubekommen. Die
Frankfurter nennen das „Museumsufer". Und es ist alles da.
Das Museumsufer bringt einen auf andere Gedanken. Etwa Jil
Sander im minimalistischen weißen Bau von Richard Meier im
Museum Angewandte Kunst. Stanley Kubrick oder *Shaun, das
Schaf* im Filmmuseum samt ausgefuchstem Kinoprogramm. Die
schrillsten Hochhaus-Bauten nebenan im Architekturmuseum
mit der temporären Legobaustelle – für viele Frankfurter mit
Kindern während der Schulferien die Rettung an schmuddeligen
Tagen. Und natürlich das Städel. Das muss man auf jeden Fall
gesehen haben. Tolle Sache. Die ständige Schau, Kirchner, Beckmann, Bacon, Picasso, Vermeer, Rembrandt, alles da. Oben die
Klassiker, unterirdisch Richter, Kippenberger, Baselitz. Nicht zu
verpassen: der Städel-Garten mit den Bullaugen, der die unter-
irdische Moderne mit Tageslicht versorgt.
Man ist in Sachsenhausen richtig froh darüber, in Frankfurt zu
sein. Vielleicht wäre es langweilig, wenn die ganze Stadt so wäre
wie Sachsenhausen. Vielleicht ein wenig zu gentrifiziert? Aber
in Sachsenhausen ist Frankfurt auch so, wie es sein soll. Sachsenhausen, eine Insel der Seligen und der Liebhaber des wirklich
ausgezeichneten Wiener Schnitzels, dazu Gurkensalat, Kartoffelsalat und frische Preiselbeeren, wie es sich gehört. Man kann
das Schnitzel bestellen, gleich wenn man aus der Innenstadt nach
Sachsenhausen kommt. Am Ende der Alten Brücke liegt auf der
linken Seite das Restaurant *Lohninger*. Dort sollte man auf jeden
Fall einen Tisch bestellen. Kein Schnäppchen, Mario Lohninger
ist schließlich ein Spitzenkoch. Das beste Wiener Schnitzel am
Main.
Nebenan in der Schweizer Straße klopft eine Erinnerung an
Max Beckmann an. Hausnummer 3, dort bohren heute Dentis-
ten, die sich alle als ausgesprochene Koryphäen ihres Handwerks

präsentieren. Ein Schild erinnert daran, dass der weltberühmte Maler hier einst logierte.

Beckmann erreichte Frankfurt im Oktober 1915. Im Alter von 31 Jahren. Mit einer gewissen Verzweiflung, da er, der Sanitätssoldat, von diesem Krieg gehörig die Nase voll hatte. Bei seinem früheren Studienfreund Ugi Battenberg in der Schweizer Straße 3 fand er eine Unterkunft. Sein Freund Battenberg bot Beckmann auch das Atelier unter dem Dach zu seiner Wohnung an. Nach der Hochzeit mit seiner zweiten Frau Mathilde, genannt Quappie, zog Max Beckmann Mitte der 20er Jahre in das Viertel am Hauptbahnhof um, das er ebenfalls zu schätzen wusste. 17 Jahre blieb Beckmann in Frankfurt. In gewisser Weise schlug er hier Wurzeln, in Sachsenhausen zumal, fußläufig zur Städelschule. Dort lehrte Beckmann als Professor, nahm sich für seine Ansichten der Stadt wiederholt das Motiv des Eisernen Stegs vor.

In Sachsenhausen sieht die Welt heute anders aus. Doch noch heute machen sich die Touristen auf die Suche nach den Ebbelwei-Wertschafte an der Schweizer Straße und der Textorstraße. Dazu reicht man deftige Kost: Rippsche mit Sauerkraut, Frankfurter Haspel, Grüne Soße mit Eiern, fettige Blutwurst oder kalorienarmen Handkäs. Und preist das *Gemalte Haus*, *Wagner* und den *Kanonesteppel* als älteste Lokalitäten dieser Art, die Frankfurt zu bieten habe.

Sitzen die Bewohner dieser Seite der Stadt in einem der Lokale an der Schweizer Straße, sind sie froh und beschweren sich selten. In diesen Augenblicken ist das Leben gut zu den Sachsenhäusern, die sonst unter dem Flughafen, der dritten Landebahn und den tiefen Anflügen leiden. Das bringt schlechte Stimmung und regelmäßigen Protest. Bereits vom Osten des unmittelbar an Frankfurt grenzenden Offenbach aus sieht man Flugzeuge, die zur baldigen Landung auf „Rhein-Main" ansetzen. Sachsenhausen heißt auch Fluglärm. Lässt sich seit der Öffnung der dritten Landebahn nicht weg reden. Da sollte man sich nichts vormachen.

Wer seinen Schoppen nehmen will, kann sich auch unter „die Touris" mischen und ins „aale Sachsenhausen" gehen. Dort sind früher an den Wochenenden „die Amis" ausgegangen. Seit deren Abzug aus Frankfurt wirkt das Viertel aber ein bisschen matt. Der Ruf als ewige Partymeile und Ort für Junggesellenabschiede klebt noch immer an Alt-Sachsenhausen. Trotz einiger Wiederbelebungsversuche. Ging meistens schief. Die Gemütlichkeit der Schankwirtschaft *Lorsbacher Thal* jedoch weiß man zu schätzen, zumal wenn man ein Freund des Brands aus dem Apfel ist und die Qual der Wahl zwischen 80 verschiedenen Apfelweinsorten genießen mag.

Um in Sachsenhausen Genuss zu erleben, muss man kein Traditionalist sein, obwohl sich einem erst dann das Brunnenfest mit der jährlich wechselnden Brunnenkönigin richtig erschließt. Was ein gelungenes Rindfleisch mit *Grie Soß* ist, versteht man im Restaurant *Exenberger* an der Textorstraße auf Anhieb.

Sachsenhausen ist wohl Frankfurt wie es sein soll. Vielleicht ein ideales Fleckchen der Stadt. Wer abends am Sachsenhäuser Mainufer entlang joggt, der weiß, warum er unbedingt hier wohnt. Von der anderen Seite grüßt die Skyline.

Kleinmarkthalle
Kutteln und Rosenwasser

Etwas anderes kann sich Anna nicht vorstellen. Sie macht Pasta.
Jeden Tag. Tagliatelle, Spaghetti, Fettuccine. Manchmal auch
ein zweites Mal am Tag. Anna kennt doch ihre Kunden. Wenn
mittags viele Gäste an den kleinen Tischen im ersten Stock der
Kleinmarkthalle Station gemacht haben, dann stellt sie sich am
frühen Nachmittag wieder in die Küche. Schließlich, sagt sie,
„muss die Pasta frisch sein". Etwas anderes komme für sie gar
nicht in Frage.

Von Annas Laden aus hat man einen guten Blick über die gesamte
Halle mit der eigenwilligen schrägen Decke: Die Kleinmarkthalle.
Für viele Frankfurter ein Stück Heimat, Ausweis von Multikulti
und Lieblingsort. Denn Liebe geht ja angeblich durch den Magen
und in der unscheinbaren Kiste aus gelbem Klinker bleiben in
diesem Sinne wenig Wünsche offen: von der besten Merguez der
Stadt, über Kutteln, Bittergurken, bis zu Rosenwasser und feinen
persischen Nüssen – es gibt fast nichts, was es hier nicht gibt. Und
das schöne: Viele der Händler lassen einen auch großzügig von
ihren Köstlichkeiten probieren – den veganen Pasten und Pestos,
Apfelchips, dem herrlich nussigen Comté und den getrockneten
Früchten. Ein Paradies. Das natürlich so seinen Preis hat.

In die Kleinmarkthalle geht man wochentags zu einem schnellen
Snack. Heiße Fleischwurst. In der Mittagszeit steuern Angestell-
te schnurstracks auf den Stand von Frau Schreiber zu. Kenner
nennen Frau Schreiber „Mutter Ilse". Fleischwurst mit köstli-
chem Kartoffelsalat, zusammen für 5,80 Euro. Senf inklusive.
Der Stand von Frau Schreiber ist Pflicht. Jeden Mittag bilden sich
lange Schlangen, um heiße Fleischwurst zu bekommen, die Pelle
eingeritzt. Gegessen wird im Stehen an der schier nicht enden
wollenden Holzleiste, die die Wand entlang reicht.

Ist dies erledigt, lässt man sich an Stand 78/79 für alles weitere inspirieren. Der Stand ist fast direkt gegenüber von der
Fleischwurst-Ecke und eine Oase der Gewürze. Dort darf man

Kleinmarkthalle
Hasengasse 5-7
montags bis freitags
8 bis 18 Uhr
samstags 8 bis 16 Uhr

nicht die Übersicht verlieren. Schließlich ist schwarzer Pfeffer nicht schwarzer Pfeffer, vielmehr seien die Unterschiede enorm, sagt die junge Verkäuferin. Man müsse eben wissen, wozu man dieses Gewürz brauche. *Szechuan-Pfeffer*, beispielsweise, sei eben etwas ganz anders als sonstiger Pfeffer. Milder, prägnanter, mit würzigem Nachhall, wirke aber viel frischer, werde im Himalaya angebaut und sei unbedingt etwas für die Zubereitung von Fisch. Für Fleisch-Speisen eigne sich *Malabar* besser. Nicht tasmanischer Pfeffer oder australischer Bergpfeffer, sie würde zu Fleisch-Gerichten auf jeden Fall den aus Indien kommenden *Malabar* nehmen. Im Beutel, 100 Gramm, 5,50 Euro. Selbstredend kein Vergleich zum *Schwarzen Kampot*, der aus Kambodscha komme und wirklich „etwas ganz Besonderes" sei, aber von seinen Nutzern auch Besonderes verlange. *Schwarzer Kampot* sei nun mal in den Küchen der Sterne-Köche zuhause.

Die Kleinmarkthalle ist ein Ort der Connaisseure, Vielfraße und Gourmets, sie eignet sich aber auch, um einfach nur zu schauen.

Die Kleinmarkthalle wird von den Frankfurtern geliebt, so sehr, dass sie keinerlei Veränderung an der klapprigen alten Schachtel erlauben. So gab es ein großes Gejaule, als Pläne für die längst fällige Sanierung der Halle bekannt wurden. Man fürchtete um die Seele der denkmalsgeschützten Markthalle. In der Stadtverwaltung konnte man den Start der Sanierung der Kleinmarkthalle bis jetzt nicht durchsetzen, passiert ist bis heute so gut wie gar nichts. Dabei ist die Kleinmarkthalle gar nicht die original Markthalle von 1879. Diese war eine verglaste Eisenkonstruktion, über die Friedrich Stoltze einst dichtete:

„Gemieß, Kardoffel und was noch all, des kriecht mer hier in dere Hall. Und owwe uff der Galerie, da möpselts nach Fromaasch de Brie."

Doch diese erste Markthalle unweit des jetzigen Standortes wurde im Krieg zerstört und 1954 eine neue gebaut. Auf zwei Etagen.

Für manche Frankfurter gehört die Kleinmarkthalle deshalb zu den Wundern der Nachkriegszeit.

Mitten in der Innenstadt. Am Liebfrauenberg nur ein paar Schritte, gleich links, da liegt sie. Mit dem Auto ist sie kaum zu erreichen, nur ein paar Parkplätze gibt es gleich neben der Halle und die Händler meckern darüber ganz gewaltig. Für Fußgänger hingegen ist es überhaupt kein Problem, zur Kleinmarkthalle zu gelangen. Wählt man den Weg von der Konstabler Wache aus, die mancher aus irgendeinem Grund geradezu liebevoll „Konsti" nennt, erreicht man das Ziel seiner Wünsche über den Eingang an der Hasengasse. Gegenüber der Stadtbücherei.

Zum Besten der Kleinmarkthalle gehört sicherlich der vorzügliche Cappuccino oder Espresso an der Bar in der Mitte des Erdgeschosses. Bevor man die Treppe zum Aufstieg zu den frischen Nudeln anpeilt, nimmt man unbedingt einen kleinen Kaffee. Dieser Kaffee gehört zu Frankfurt wie heiße Fleischwurst zur Mittagspause.

Gebabbel
Friedrich Stoltze, Mundart

Friedrich Stoltze, Frankfurter Bubb. Friedrich Stoltze, Dichter, der die Mundart pflegte. Fällt der Name des Mannes, kommt gleich das Zitat, das man als Neu-Frankfurter unbedingt üben muss: „Un es will merr net in mei Kopp enei: wie kann nor e Mensch net von Frankfort sei!"

Diesen Vers zitieren zu können, gilt als Formel der Initiation in die Frankfurter Stadtgesellschaft. Der Satz stammt aus Stoltzes Gedicht *Frankfurt*. Bis heute verstehen die Menschen den Titel als eine Art Programm. Es ist eine Liebeserklärung des Mannes, der am 21. November 1816 das Licht seiner Stadt erblickte – als Sohn des Gastwirts der Altstadt-Kneipe *Zum Rebstock*.

Kenner des Dichters, die sich als solche ausweisen, indem es mit dem Vers „Un es will merr..." einwandfrei, postwendend und auswendig klappt, also richtige Kenner des Dichters und seines Werks, rezitieren den Satz Stoltzes mit dem dazugehörigen Vorsatz: „Es is kaa Stadt uff der weite Welt, die so merr wie mei Frankfort gefällt." Diese zwei Zeilen sind mindestens so legendär wie der „Refrain" mit Frankfurt. Sie stimmen viele Frankfurter geradezu melancholisch und haben heute sicherlich einen ähnlichen Status wie der zu jedem Heimspiel der *Eintracht* vorgetragene Liedtext der Rodgau Monotones, die in den 80er Jahren den Hit landeten: „Erbarmen, zu spät, die Hesse komme."

Friedrich Stoltze veröffentlichte sein populäres Gedicht über Frankfurt und „den Kopp" pünktlich zum 5. Deutschen Turnfest in Frankfurt am Main. Als satirischer Willkommensgruß an die 10.000 Gäste von nah und fern. Zu dieser Zeit, 1880, galt das Turnen als politisches Statement, ja als Ausdruck des Widerstands: für freie Rede, die nationale Einheit. Die Turner als Botschafter einer Zukunft, die als vielversprechend und politisch innovativ galt. Da war Friedrich Stoltze natürlich mit von der Partie: im Pressekomitee des Turnerfestes. Schließlich war Stoltze kein rückwärtsgewandter Heimatdichter, sondern überzeugter

Demokrat. Er ist Mundart-Dichter geblieben und sein Freiheits-
drang klebt noch immer an jeder Zeile. Es hat also durchaus Wirkung gezeigt, dass Vater Stoltze seinen Sohn bereits als jungen
Mann zum *Hambacher Fest* 1832 mitgenommen hatte – bei dem
liberale Geister für Freiheit, Gleichberechtigung, ein republikani-
sches Europa und ein einiges Deutschland demonstrierten.

Als Journalist gründete Stoltze nach dem Vorbild der *Berliner
Kladderadatsch* die satirische Wochenzeitung *Die Frankfurter
Latern*. Dazu reimte er: „Man soll sein Licht ohne Not nicht un-
tern Scheffel setzen, das ist ein biblisches Gebot, das wissen wir
zu schätzen. Doch weil in dieser Zeit voll Wind stets in Gefahr
die Lichter sind, so stecken wir, als kluge Herr'n, das unsrige in
die Latern'."

Freiheitskämpfer und Lokalpatriot – das schloss sich für einen
Mann des Kalibers von Friedrich Stoltze nicht aus. Tümeln ist
schließlich nichts für echte Frankfurter.

Es is kaa Stadt
uff der weite Welt,
die so merr wie
mei Frankfort gefällt.

Friedrich Stoltze

Man muss sich dem Frankfurter Kranz ganz vorsichtig nähern. Denn man isst einen solchen Kuchen nicht mal eben zwischendurch oder als Nachtisch. Der Frankfurter Kranz lässt sich nicht einfach mit einer Nebenrolle abspeisen. Er verlangt und verdient die volle Aufmerksamkeit: Ein Höhepunkt im Alltag eines jeden Genießers.

Aus diesem Grund unternimmt man am Besten gar nicht den Versuch, sich sein Stück Frankfurter Kranz freistehend auf einem Teller reichen zu lassen, um es sich in aufrechter Haltung zuzuführen. Dann nämlich fällt das schmale Stück Kuchen ohnehin um. Die Stellung will gut überlegt sein, bevor man sich so ein Stück Frankfurter Kranz vornimmt. Um Unannehmlichkeiten zu vermeiden und Ungemach gar nicht erst zu riskieren, legt man sein Stück Frankfurter Kranz am besten seitwärts auf den Teller. Das entspricht vielleicht nicht dem Frankfurter Konditoren-Knigge, ist aber praktikabel und verhindert ganz pragmatisch unschöne Abstürze.

Zugleich erschließt sich einem so auf den ersten Blick, was der Frankfurter Kranz eigentlich ist und wie man sich ihm angemessen nähert. Denn man sollte sich vornehmen, den Frankfurter Kranz von unten nach oben zu essen. Dann versteht man, dass dieser Kuchen ein nicht ganz einfaches Gebilde ist. Das Kunstwerk basiert auf einem Biskuitboden, der – gefüllt in eine entsprechende Backform – dem Kuchen seine Form gibt. Damit geschaffen ist im Grunde der Rohling, das Gerüst der gesamten Konstruktion. In einem nächsten Schritt werden mit dem Messer Kreise gezogen, vier an der Zahl, deren Schnittflächen sich mit säuerlicher Kirsch-Konfitüre füllen lassen. Wenn die Bearbeitung der ersten, und auch größten, Schnittfläche noch nicht lange genug zurückliegt, das Aroma der Konfitüre also noch nicht weit genug in die nächste Schicht des Bodens eingezogen ist, kann der erste Bissen des Frankfurter Kranzes durchaus etwas mühsam sein.

Doch für jede Mühsal entschädigt der Frankfurter Kranz mit seiner Creme. Eine geschmeidige Creme, der es an Butter nicht mangelt. Die Creme ist wie eine Art Kitt, der den ganzen Kuchen zusammenhält. Ganz allmählich dringt man durch den Kitt von einer Ebene des Biskuitbodens zur nächsten vor, wie gesagt: von unten nach oben.

An der Spitze findet sich – wie aufgesetzt – ein Röschen, verziert von einer Cocktail-Kirsche. Krokant-Stücke bedecken nahezu die gesamte Oberfläche des Frankfurter Kranzes. Man könnte auf die Idee kommen, oben drohte der Absturz. Kann aber nichts passieren. Es ist gut, dass das Stück Frankfurt Kranz seitwärts auf dem Teller liegt.

Man muss sich darauf einstellen, dass der Frankfurter Kranz vielleicht das Ende ist. Auf jeden Fall stellt sich unmittelbar nach dem Verzehr der Cocktail-Kirsche das Gefühl ein, pappsatt zu sein. Gut, sich von vornherein dem Frankfurter Kranz ganz behutsam genähert zu haben. Und von unten nach oben.

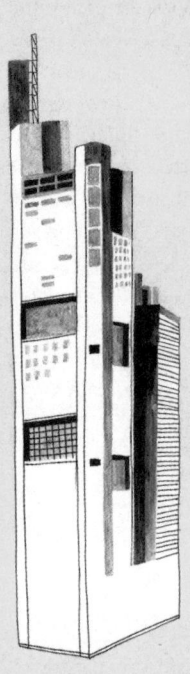

WAHRZEICHEN

Die Paulskirche
An der Wiege der Demokratie

„Germania" ist schwanger. Zumindest stellt der Maler Johannes Grützke die mythologische Gestalt auf dem Rondell in der Paulskirche so dar: Schön, nach vorne blickend, das werdende Bäuchlein fest umklammert. Germania in Erwartung. Der Künstler sieht in ihr die Möglichkeit, einen neuen Anfang zu wagen. Germania steht bei der Revolution von 1848 für den Ursprung. Grützkes Wandbild in der Frankfurter Paulskirche ist ansonsten wenig staatstragend: Der „Zug der Volksvertreter", mit ihren riesigen Ohren und fleischigen Gesichtern recht ungeschönt, wird flankiert von schubsenden und drängelnden Bauern, Arbeitern und Kindern: Mitstreiter allesamt des revolutionären Aktes. Und ein menschlicher, allzu menschlicher Teil des Projekts Demokratie. Der junge John F. Kennedy wäre begeistert gewesen. Doch beim Frankfurt-Besuch des legendären US-Präsidenten gibt es Grützkes Bild in der Paulskirche noch nicht. Für ihn ist die Paulskirche die „Wiege der Demokratie", wie JFK am 25. Juni 1963, einem Dienstag, ebenda sagt. Frankfurt steht für einen Moment im Mittelpunkt der Welt. Kennedy erfüllte Erwartungen, verbreitete Zuversicht. Schließlich gab es diesen Ort der ersten deutschen Demokratie, an den man anknüpfen konnte: Zwischen dem 18. Mai 1848 und dem 30. Mai 1849 hatten Delegierte in der Paulskirche an 230 Sitzungstagen darüber gestritten, wie sich „Germania" und die anderen Nationalstaaten, im Grunde das gesamte Europa, eine Verfassung geben sollten. Eine gemeinsame, wohlgemerkt.Die Paulskirche ist eines der wohl berühmtesten Bauwerke der Stadt. Sie ist, so steht es gleich am Eingang zur Rotunde, „Symbol demokratischer Freiheit und nationaler Einheit". Ein Ort, der seinen Besuchern auch heute noch ein bisschen Demut einflößt.Ganz im Sinne von Walter Kolb: Der damalige Oberbürgermeister Frankfurts setzte sich unmittelbar nach Kriegsende dafür ein, die durch schwere Bombenangriffe zerstörte Paulskirche wiederherzustellen: „Im Stein, wie im Geiste." Für den

Grützkes Trauerzug

Bei dem Entwurf für das Wandgemälde, das heute auf der Rotunde der Paulskirche zu sehen ist, „handelt es sich um ein Einzugsgeschehen, wirkt aber zugleich wie ein Trauerzug. In dieser Doppeldeutigkeit sind sowohl die Chancen wie Gefährdungen der Demokratie zu sehen." Friedhelm Menekes, 1998 Vorsitzender der Jury für die Auswahl eines Kunstwerks für die Paulskirche, zur Begründung der Entscheidung des Gremiums. Die Jury entschied sich für den Entwurf von Johannes Grützke.

SPD-Politiker, Hitler-Gegner und Buchenwald-Häftling, Symbol des demokratischen Deutschlands und des Neuanfangs: Nach dem Völkermord sollte die Paulskirche wieder als Dokument europäischer Geisteshaltung dastehen. Nicht ganz ohne Hintergedanken: Damit würde Frankfurt seine Ambitionen darauf, Hauptstadt zu werden, wirkungsvoll unterstreichen können. Und der noch jungen Republik klarmachen: An diesem Ort wird seit jeher die Zukunft verhandelt.

Zur Wiedereröffnung 1948 bat Kolb den Dichter Fritz von Unruh um eine „Rede an die Deutschen". Damit begründete der Großneffe des ersten Parlamentspräsidenten, Heinrich von Gagern, die Tradition großer, mitunter konfliktträchtiger Paulskirchen-Reden. Regelmäßig gehaltene Ansprachen, etwa zur Verleihung des Goethe-Preises oder des Friedenspreises des Deutschen Buchhandels sowie zum 9. November, dem Tag des Gedenkens an die Nacht der Pogrome. Am 9. November 2011 etwa sprach sich die Schriftstellerin und Schauspielerin Adriana Altaras in einer tragikomischen und sehr persönlichen Rede gegen verordnete Trauer und für eine Schweigeminute aus. „Man hat es sich im Deutschland der vorbildlichen Trauerarbeit, im jährlichen Gedenken ein wenig gemütlich gemacht", sagte die Tochter von Holocaust-Überlebenden. Der provozierenden Titel ihrer Ansprache: *Trauer to go.* Mehr als ein halbes Jahrhundert nach Kriegsende ließ sie keinen Zweifel: „Das Thema Juden und Deutsche wird nie ein einfaches, das macht aber nichts; es wird ein sensibles, leicht verletzliches Verhältnis bleiben, warum auch nicht; es braucht keinen Schlussstrich, die Bürger sind mündig genug, das Traurige, Ungelöste auszuhalten."

Martin Walser hatte vom gleichen Rednerpult, 13 Jahre zuvor, verkündet, er empfinde es als „schwere Last", immer wieder mit der historischen Hypothek konfrontiert zu sein, wenn eine „Moralkeule" Auschwitz geschwungen werde. Diese Rede, gehalten

Treffpunkte der Abgeordneten

Die Rechte traf sich im Steinernen Haus, Markt 44

eine andere Fraktion dieser Gruppierung im Cafe Milani, Roßmarkt 15

die Großdeutschen im Pariser Hof am Schillerplatz

das Deutsche Zentrum im Casino am Roßmarkt 6

bei der Entgegennahme des Friedenspreises des Buchhandels, blieb hartnäckig Ansatz vieler Kontroversen. Der Historiker Fritz Stern vermutete wenig später, dass er im Nachgang zu Walsers Rede, bei der Entgegennahme des Friedenspreises im darauffolgenden Jahr 1999, „als eine Art Gegengift" wirken sollte. Kein Widerspruch. Walser hatte Frankfurt einen Schock versetzt. Ausgerechnet in der Paulskirche. Ausgerechnet zum 150jährigen Jubiläum der Revolution von 1848 und des Paulskirchen-Parlaments sprach er an ebendiesem Ort über „die Instrumentalisierung des Holocaust". Keine Drohung, vielmehr eine gezielte Provokation. Dabei hatte der Soziologe Ulrich Beck, Vater der „Risikogesellschaft" gleichsam, erst kurz zuvor zum 150. Jahrestag der Frankfurter Nationalversammlung in der Paulskirche Dimensionen eines „weltgesellschaftlichen Europa" ausgelotet und sich somit – in der Sicht vieler seiner Zuhörer – in eine Tradition der Väter der Paulskirche gestellt.

Diese hatten keine einfache Aufgabe. Als sich die 574 Volksvertreter am 31. Mai 1848 in der Paulskirche versammelten, empfingen die Frankfurter sie bereits mit großen Erwartungen: „Das Werk ist angefangen, nicht vollendet; Jetzt ist Muth und feste Eintracht Noth", stand auf einem Transparent, das ihnen auf dem Weg zum Eingang der Paulskirche entgegengehalten wurde. Klar war, dass das politische Geschäft kein leichtes sein würde, allzu hartnäckig lagen sich Demokraten und Liberale in der Wolle. Beide wollten durch Entscheidungen des Vorparlaments, politische Instanz auf dem Weg zur gemeinsamen Verfasstheit, dem weiteren Verfahren bereits vorab eine festgelegte Richtung geben. Es ging im Wesentlichen um die Fragen: Erst die Bürgerrechte oder erst die Schaffung des Nationalstaates? Die Radikalen Demokraten wollten das Vorparlament auf der Grundlage der Revolution zu einer permanenten Einrichtung machen. Damit sollten die Weichen für eine republikanische Staatsform und soziale

das Zentrum im Landsberg in der Bockgasse 12-14

die Erbkaiserlichen im Weidenbusch am Steinweg 9

das Linke Zentrum im Württemberger Hof, Fahrgasse 41

die ‚Linke im Frack' etwas abgelegener in der Westendhalle an der Gallusanlage 3

die gemäßigte Linke im Augsburger Hof, Vogelgesanggasse 3

die Linke im Deutschen Hof an der Großen Bockenheimer 9

die gemäßigten Republikaner im Nürnberger Hof

die Äußerste Linke am Donnersberg, Am Holzpförtchen 2

der Zentralmärzverein/ Vereinigte Linke im Wolfseck am Paradeplatz 4

und die Pakt-Partei H. Simon im Braunfeld, Liebfrauenberg 29

Reformen gestellt sein. Doch sie konnten sich gegen die Liberalen nicht durchsetzen. Die orientierten sich an einer grundlegend anderen Linie und forderten, vor der Republik müsse die Einheit stehen. Sie wollten aus dem in Einzelstaaten zersplitterten Gebilde ein einiges Staatswesen formen. Zu diesem Zwecke sollte es eine Verfassung geben, die auf allgemeinen Grundrechten basierte. Die Männer legten fest, dass die Sitzungen des Parlaments öffentlich zu sein hätten. Präsident von Gagern schlug den Delegierten vor, selbst für eine provisorische Zentralgewalt zu sorgen und dies nicht den Regierungen der Einzelstaaten zu überlassen, da dies zu lange dauern würde und damit die Gefahr entstehe, das Projekt im Sande verlaufen zu lassen. Gagern warb für einen Kompromiss zwischen den Konkurrenten, empfahl den Delegierten, die konstitutionelle Monarchie als über die Einzelstaaten gewölbtes Modell einer Klammer gleich zu nutzen, um demokratische Rechte für den einzelnen Bürger zu gewähren. Preußen und Österreich machten nicht mit. Sie beanspruchten Eigenverantwortlichkeit. Europa blieb leblos.Und damit Zukunftsmusik. Wie auch der erste Versuch einer Demokratie in Deutschland. Johannes Grützke zeigt auf seinem Wandbild in der Paulskirche Parlamentarier, die den ermordeten Revolutionär Robert Blum auf ihren Händen tragen. Er steht am Ende von Grützkes malerischem Schauspiel. Für den Künstler der Hinweis auf eine vertane Chance.

Vermutlich sind sich Grützke und Gagern, trotz unterschiedlicher Vorstellungen von dem, was Politik kann, in dieser Hinsicht ganz nahe: Man sollte den Aufbruch nicht auf die lange Bank schieben, da am Ende alles vertan sein könnte. Grützkes Wandmalerei verleiht dem würdevollen, vielleicht etwas unterkühlten Ort Bodenhaftung. Mit seinen Volksvertretern in schwarzen Anzügen, die mit ihren derben Gesichtern ziemlich lebendig wirken. Kein bisschen Pathos oder Heldenverehrung im Namen der Demokratie und des Aufbruchs.

Typisch Frankfurt.

Festhalle
Im Namen des Fortschritts

Franz Adickes pflegte Optimismus, wenn er an die Aussichten seines Frankfurts dachte. Er glaubte fest daran, dass die Stadt gut gedeihen werde, wenn für eine belastbare Infrastruktur gesorgt und der Glaube an Fortschrittlichkeit genährt ist. Dass in diesem Zusammenhang auch das Unterhaltungsprogramm der Sängerin Helene Fischer eine Rolle spielen würde, hat sich der frühere Oberbürgermeister Frankfurts wohl kaum vorstellen können.

Für einen Augenblick wirkte das, was Franz Adickes bei der Eröffnung der Festhalle im Mai 1909 sagte, so, als beschreibe er einen Traum. Er schwärmte von der Dimensionierung technischen Gelingens, huldigte der Ästhetik der Konstruktion aus Stahl und hob hervor, was auf ihn an diesem Ort einen nachhaltigen Eindruck gemacht habe: Es sei „die Art, wie der geschlossene Raum in die Unendlichkeit übergeht". Adickes ist begeistert, als er die Weite der neuen Halle, ihre Höhe von beinahe 40 Metern wahrnimmt. Vor allem aber von der Wucht, mit der die Konstrukteure die stählernen Rippen in den Himmel wachsen lassen, um das Dach mit Kuppel zu formen.

Ausgesprochen gelungen fand Adickes das. In der „Gudd Stubb", wie der Frankfurter später sagt, entdecke man schon eine Ahnung, wie sich die Stadt entwickeln werde. Die Zukunft heißt Z II und Z III und fängt gleich an. Sie geht auf Ideen aus dem Hause Zeppelin zurück und zieht mit den Luftschiffen tausende Frankfurter in ihren Bann, als sie auf dem Flugfeld an der unmittelbar vor diesem Anlass neu geschaffenen Festhalle landen. Der Z II, 136 Meter lang, mit 13 Metern Durchmesser, hat Graf Zeppelin selbst an Bord. Er besucht die erstmals stattfindende *Internationale Luftfahrt Ausstellung*, kurz: ILA, auf dem Gelände das heute zur Messe gehört. Der Kaiser begrüßt ihn.

Beim Verlassen des Luftschiffes nimmt auch Adickes den Grafen Zeppelin in Empfang und verspricht dem Verehrten, die Stadt werde ihm den Namen einer Straße widmen. So kennt man ein

Direkt neben dem Messeturm findet sich die Festhalle. Sie bietet 10.000 Gästen Platz. Vor der Halle gibt der Hammering Man das Signal, jetzt in Frankfurt angekommen zu sein. Ein Werk des Künstlers Jonathan Borofsky.

Stadtoberhaupt. Heute stoßen die Frankfurter in einer Allee im Norden Bockenheims auf „Zeppelin". Den Asphaltzug kann jeder nutzen. Die Rundflüge mit dem Z III während der ILA blieben den Betuchten vorbehalten, denn die kosteten damals 200 Mark. Dem gemeinen Frankfurter blieb immerhin das Staunen angesichts der stählernen Dachkonstruktion der nagelneuen Festhalle.

Entworfen hat das Bauwerk übrigens Friedrich Thiersch. Ein Architekt, der Kaiser Wilhelm II. bereits mit seinen Plänen für die Neue Börse in München und den dortigen Justizpalast auffiel. Anfang des 20. Jahrhunderts schuf er in Wiesbaden das Kurhaus, dessen Konzert-Saal nach ihm benannt ist.

In den Jahren zwischen 1907 und 1909 entstand nach seinen Plänen schließlich die Frankfurter Festhalle. Sie begrüßt den Autofahrer, der die Stadt über die A 648 erreicht und sich auf diesem Wege der Messe nähert. Ein erhebendes Gefühl bekommen auch die ermatteten Läufer des Frankfurt-Marathons, die jedes Jahr an einem Sonntag im Oktober nach 42 Kilometern über die Friedrich-Ebert-Anlage in die Festhalle einlaufen.

Bestimmt bliebe auch Franz Adickes optimistisch. Im Großen und Ganzen wäre er mit seinem Frankfurt heute ganz einverstanden. Zumal mit der Festhalle, die mittlerweile belagert ist von der Congress-Halle der Messe und dem 256 Meter hohen Messeturm, in dessen Schatten der Hammering Man die Ankömmlinge am Straßenrand auf den Takt der Stadt einstellt. Auch wenn sie nur für einen Abend kommen sollten, um ein Konzert von Deep Purple, Bruce Springsteen oder Peter Maffay zu besuchen. In Frankfurts „Gudd Stubb" tritt auch die Sängerin Helene Fischer mit ihrem Unterhaltungsprogramm auf. Das jedoch würde Franz Adickes gar nicht jucken.

Europäische Zentralbank
Flucht nach oben

Beim Anflug auf den Rhein-Main-Flughafen sind die Türme der Europäischen Zentralbank das verlässliche Zeichen dafür, dass die Landung in wenigen Minuten bevorsteht. Der Airport ist jetzt keine 20 Kilometer mehr entfernt. Jeden Augenblick kommt das Flugzeug in Frankfurt am Main an, jetzt sollte man angeschnallt bleiben.

Die Europäische Zentralbank, kurz EZB genannt, ist schnell zu einem Wahrzeichen Frankfurts geworden. Sie ist Symbol für Stärke oder Schwäche des Euro, aber auch für die Krise auf dem Alten Kontinent. Je nach Einstellung des Betrachters, spricht man dann auch von einer fundamentalen Krise.

Der spektakuläre Neubau, im März 2015 offiziell eröffnet, steht mit seinen in sich verdrehten Glastürmen für Transparenz und Aufbruch. Zumindest ist er mal so gedacht gewesen. Spätestens seit der Finanzkrise und den drastischen Auswirkungen der Geldpolitik auf viele Millionen Bürger ist der Bau auch Sinnbild für die Macht der Währungshüter. Und ein Ort, an dem sich der Protest dagegen festmacht. Was bei der offiziellen Eröffnung passiert ist, konnten sich vorab nur wenige vorstellen. Die Frankfurter waren schockiert vom Ausmaß der Gewalt: Ausnahmezustand in Frankfurt, Barrikaden gingen in Flammen auf, Randalierer griffen Polizisten an und attackierten eine Polizeistation.

Kein guter Start für das neue Domizil der EZB: In unmittelbarer Nähe des Mains ragt der Doppelturm neben der nagelneuen Skaterbahn in den Himmel über dem Ostend. Das Ostend ist ein Stadtteil von Frankfurt, den im 19. und 20. Jahrhundert vor allem die Handwerker geprägt haben. Mit Ostend brachte man Bodenhaftung in Verbindung. Ein Arbeiterviertel, keine großen Sprünge. Bevor zwischen Mainufer und Sonnemannstraße der Bau der Währungshüter entstand, gab es an dieser Ecke der Stadt den morgendlichen „Polen"-Strich – wo Tagelöhner auf Arbeit hofften. Maurer und Weißbinder steuerten ihn auf der Suche nach

Sonnemannstraße 20
Telefon 069-134 40

Für Besuche melden sich Gruppen mindestens vier Wochen vorher an:
visitor.centre@ecb.europa.eu

Arbeitskräften an, stoppten ihre Transporter für einen Augenblick am Straßenrand und nahmen meist junge Schwarzarbeiter mit auf ihre Baustellen. Daneben reckte sich die brachliegende Großmarkthalle, von den Frankfurtern liebevoll „Gemüsedom" genannt. Mit 220 Metern Länge, 50 Metern Breite und einer Höhe zwischen 17 und 23 Metern einst der größte Gebäudekomplex der Stadt, bot die Halle auf 13.000 Quadratmetern Platz für 130 Verkaufsstände. Eine raffinierte Konstruktion und ein architektonisches Meisterwerk. Doch seit dem Bau des neuen Frischezentrums im Norden der Stadt stand eines der schönsten Industriedenkmäler Frankfurts leer.

Der Architekt Martin Elsaesser hatte die Großmarkthalle in den 20er Jahren entworfen. Auf die unter Denkmalschutz stehende Halle fielen die begehrlichen Blicke europäischer Banker: Sie suchten nach einem geeigneten Standort für die Zentralbank. Die Entscheidung für Frankfurt als Sitz der 1998 gegründeten Währungsbehörde erzählt man sich heute als Geschichte aus dem Leben der politischen Freunde François Mitterand und Helmut Kohl: Der Präsident Frankreichs und der deutsche Bundeskanzler hätten um diese Entscheidung miteinander gerungen. Schließlich waren auch Paris und London scharf auf den Sitz der Zentralbank. Petra Roth, frühere Oberbürgermeisterin Frankfurts, bezeichnete die Europäische Zentralbank auch aus diesem Grund als Geschenk für die Stadt.

Die Großmarkthalle ist heute ein Bestandteil der EZB, deren weithin sichtbarer Teil der Doppelturm ist: Ein 185 Meter hoher Nordturm, verschränkt mit einem 165 Meter hohen Turm im Süden, einer Doppelhelix gleich – eine echte Herausforderung für die beteiligten Bauingenieure. Der Entwurf geht auf das in Wien ansässige Büro *Coop Himme(l)blau* um Star-Architekt Wolf Dieter Prix zurück. Doch der Umgang der Architekten mit der denkmalsgeschützten Großmarkthalle war nicht unumstritten.

Schließlich trieben diese einen Querriegel durch das weltberühmte Gebäude zwischen Expressionismus und Neuer Sachlichkeit. „Zerstörung im Namen der Avantgarde", kritisierte das etwa der Frankfurter Architekt Christoph Mäckler. Schließlich gilt die Großmarkthalle als eine Ikone der architektonischen Moderne und als eines der bedeutendsten Bauwerke von Martin Elsaesser. Zusammen mit Ernst May gehörte er während der 20er Jahre in Frankfurt zu den Protagonisten des *Neuen Frankfurt*. Und er war ob seiner ästhetischen Bauten offenbar der Beliebtere von beiden. „Alles neu macht der May, alles besser Elsaesser", reimten die Frankfurter. Elsaesser hat in Frankfurt ein herrliches Bad in Fechenheim gebaut, mehrere Schulen, sein Wohnhaus in Ginnheim und die Gustav-Adolf-Kirche in Niederursel: ein echtes Juwel. 2016 wurde der achteckige Bau ganz akribisch rekonstruiert. Ein beispielhafter Umgang mit dem Erbe Elsässers. Bis zu den genau nachempfundenen Farben der Wandgemälde und dem horizontalen Band aus roten Sprossenfenstern – ungewöhnlich für einen Kirchenbau. Die Fenster erinnern mit ihren markanten Sprossen an die Fenster in der Großmarkthalle.

Inzwischen hat sich die Empörung gelegt, die Empörung über die Art und Weise, wie die Großmarkthalle in den Neubau der Zentralbank „integriert" wurde. Die große Halle ist aufwendig saniert, wo Großhändler früher Obst und Gemüse verkauften, halten europäische Banker heute Konferenzen ab und empfangen Gäste. In den gläsernen Türmen ist Platz für 2600 Mitarbeiter.

Die Zentralbank ist der Darstellung Brüssels zufolge die Hüterin des Euro. Sie soll dafür sorgen, dass 337 Millionen Europäer in 19 Staaten mit stabilen Preisen rechnen können. Und sie hat die wirtschaftliche Entwicklung Europas im Blick.

Hier entscheidet sich, wie die Weichen für die Konjunktur, für Inflationsrate, Bauzinsen und Sparbücher gestellt werden: am Ufer des Mains.

„Alles neu macht der May, alles besser Elsaesser", reimten die Frankfurter. Ernst May ist der Schrittmacher des Wohnungsbaus gewesen. Sein Name verbindet sich mit dem Neuen Frankfurt und dem Entstehen der Römerstadt. Zu den Protagonisten der Moderne in Frankfurt gehörte auch Martin Elsaesser. Er hat in ein grandioses Bad in Fechenheim gebaut, mehrere Schulen, sein Wohnhaus in Ginnheim und die Gustav-Adolf-Kirche in Niederursel – ein Juwel.

Kaiserdom
Für Europa

Domplatz 1
Eröffnet 1550
Höhe des Turms:
95 Meter

In der Dämmerung kleben viele Blicke an Gloria. Sie ist eine ziemlich schwere Dame. Knapp zwölf Tonnen bringt sie auf die Waage und auch einen beträchtlichen Umfang: Gloria, genauer Gloriosa genannt, ist eine der größten Glocken in Deutschland. Sie spielt eine bedeutende Rolle in dem Klang-Konzert, das sich an Tagen wie diesen von den Türmen der Kirchen in der Innenstadt aus entfaltet. Das Große Stadtgeläut. Etwas ganz Besonderes. Zumal im säkularen Frankfurt. Gibt es nur an wenigen Tagen im Jahr.

An Festtagen, an Heiligabend oder am Samstag vor Ostern. Dann zelebriert der Herr des Doms, Frankfurts Stadtdekan Johannes zu Eltz, den Gottesdienst. Und Gloria und die anderen gewichtigen Glocken geben längst vor dem Ereignis einen Vorgeschmack darauf, dass etwas Besonderes ansteht.

Die Stille, die heilige Nacht etwa. Dann wird zu Beginn der Messe im gesamten Dom das Licht ausgemacht. Nur ein paar Kerzen flackern. Eine unglaubliche Atmosphäre. Absolute Stille in der bis auf den letzten Klappstuhl gefüllten Kirche. Dann setzt der Gesang in der Dunkelheit ein. Stille Nacht, heilige Nacht. Gänsehaut-Gefühl. Jetzt singen alle. „Holder Knabe mit lockigem Haar." Gleich ist Weihnachten. In der prächtigen Kirche drängen sich die Menschen – wollen bei der feierlichen Zeremonie dabei sein. Stadtdekan Johannes zu Eltz reckt beide Arme in die Höhe, umläuft gefolgt von Messdienern den Altar und zeigt, für die Menge gut sichtbar, die in rotes Leder eingebundene Schrift. Der Gemeinde sagt er: Nun stehe „die Welt vor der Versöhnung", Weihnachten verspreche „den Widerspruch" gegen Politik, also eine gute Gelegenheit, sich nicht alles gefallen zu lassen. Die Gemeinde stimmt in das „O du fröhliche"-Finale ein. Ein erhebender Moment im Dom.

Ganz anders die Stimmung beim Karlsamt. Ende Januar ziehen neben Bischöfen, Dutzenden Pfarrern und vielen Messdienern

Vertreter des Deutschen Ordens in prächtigen Aufzügen in den Kaiserdom ein. Sie huldigen Karl dem Großen als überzeugtem Europäer, der ein bedeutender Wegbereiter dieser großen Idee gewesen ist. Im Jahr 794 hatte Karl eine Reichssynode nach Frankfurt berufen und so für die erste schriftliche Erwähnung der Stadt gesorgt. Der Sage nach floh Karl mit seinen Franken vor den Sachsen über eine Furt im Main. Daher gebe es den Namen „Franconofurd". Auf diese Story gründet die Stadt ihre Beziehung zu Karl. Auf sie verweist man, wenn man erklären will, warum es heute wieder eine Statue von Karl an der Alten Brücke gibt – übrigens eine Replik der alten, die im Historischen Museum bewacht wird. Das Karlsamt wie „das Hochfest der Geburt des Herrn" bieten Gelegenheiten, den Dom zu erleben. Gegründet auf Resten einer merowingischen Kapelle aus der Zeit vor 680, ist das weitestgehend zwischen 1250 und 1514 errichtete Bauwerk eines der nachhaltigsten in dieser sich ihrer Schnelllebigkeit rühmenden Stadt.

Frankfurt ist nicht Köln. Der hiesige Dom steht auch nicht am Bahnhof, sondern mitten in der Stadt. Starb ein Regent, sollten die Kurfürsten in Frankfurt zusammenkommen, um einen Nachfolger zu finden. Denn nach der *Goldenen Bulle*, dem Mitte des 14. Jahrhunderts verfassten, kaiserlichen Gesetzbuch, sollte an diesem Ort der Regent gekürt werden. In der Wahlkapelle, südlich des Hochchores. Zehn Kaiser wurden unter den tiefroten Säulen des Miltenberger Sandsteins auch gekrönt. Die *Goldene Bulle* ist heute übrigens Teil des Weltkulturerbes. Viel Aufhebens macht darum kein Frankfurter. Und an Tagen, an denen weder Christmette noch Karlsamt auf dem Programm stehen, sind es vor allem alte Frauen, die den Dom am frühen Morgen zur ersten Messe besuchen. Lange vor den ersten Touristengruppen.

Main
Ein Muss mit Tiefgang

Frankfurt am Main. Vielleicht führt Frankfurt den Hinweis auf den Fluss allein deswegen mit sich, um die Stadt von gleichnamigen Ansiedlungen auf Anhieb unterscheiden zu können. So weiß man gleich, dass das richtige Frankfurt nicht an der Oder liegt oder in Alabama. Wie der Name schon sagt: Frankfurt am Main. Offen gestanden ist man darüber gleich etwas erleichtert. Das hängt nicht mit den anderen Frankfurts zusammen oder damit, dass diese weder zur alten Bundesrepublik noch zu Deutschland gehört haben. Unser Frankfurt muss keinen Vergleich scheuen. Wirklich nicht. Man kann mit einem gewissen Stolz auf das Städel und die dortigen Meisterwerke verweisen, auf grandiose Lokale wie die *Fette Henne* an der Friedberger Landstraße und man kann die Europäische Zentralbank jenseits eigener politischer Koordinaten als imposantes Bauwerk würdigen.

Vor allem eines macht die Lebensqualität Frankfurt am Mains aus: der Fluss. Genauer gesagt, die Hinwendung der Stadt zum Ufer des Mains. Die liegt noch gar nicht lange zurück. Für manchen hat sich damit auch die Einstellung zur Stadt verändert. Schließlich markiert der Fluss doch die Mitte, ist das Wasser das lebendige Element, müsste man das beruhigend wirkende Gewässer erfinden, wenn es den Fluss nicht schon gäbe.

So etwas wie die Hinwendung zum Fluss kommt natürlich nicht von heute auf morgen. So etwas braucht Zeit. Und man könnte zu der Schlussfolgerung kommen: Mit dem Bezug zum Fluss ändert sich auch die Beziehung zur Stadt. Ohne sentimental oder am Ende kitschig zu werden: Es geht um so etwas wie Gefühle. Dann sieht man auch darüber hinweg, dass der Fluss aus der Vogelperspektive betrachtet ein bisschen umständlich wirkt und sich in etlichen Windungen auf Frankfurt zubewegt. So braucht der Fluss selbst lange, um in Frankfurt anzukommen. Der Main macht von der Vereinigung seiner Ursprungsflüsse Weißer und Roter Main in Kulmbach weite Bögen und nutzt die Breite des

Raumes in Oberfranken, Unterfranken und Südhessen reichlich aus. Insgesamt ist der Fluss 527 Kilometer lang.

Der Main besitzt genau die richtige Dimension für einen Fluss in der Stadt. Er ist viel schmaler als der Rhein, der sich beispielsweise in Köln extrem breitmacht und sich so an manchen Ecken der Stadt wie eine Hürde erweist, fast eine Grenze. Dagegen kann man die Brücken über den Main in Frankfurt, je nach Tempo, in drei, maximal fünf Minuten zu Fuß überqueren – und durchmisst damit die Dimension des Flusses. Neben dem Eisernen Steg ist vor allem der Holbeinsteg für solche Experimente zu empfehlen. Im Osten verbindet der Arthur-von-Weinberg-Steg, Fußgängern und Radfahrern vorbehalten, Frankfurts Stadtteil Fechenheim mit einem Teil von Offenbach, den man Bürgel nennt. Dieser Steg ist nach dem Frankfurter Chemiker und Industriellen Arthur von Weinberg benannt, den die Nazis 1943 im KZ Theresienstadt umgebracht hatten.

Von einem Ufer des Mains bleibt das andere Ufer des Mains ständig im Blick. Ausgesprochen beruhigend. Ein solcher Weg über die Nibelungenbrücke in Regensburg dauert eine kleine Ewigkeit, um die Donau zu queren. Und man kommt gar nicht auf die Idee, den Fluss mit einem kleinen See wie die Alster in Hamburg oder die Havel in Potsdam zu vergleichen. Unser Main hat Tiefgang. Ist kein flaches Wasserbecken. Ein eher gemächlich von Ost nach West vor sich hintreibender Fluss. Kein Wunder, dass die Frankfurter von ihrem Gewässer geradezu schwärmen. War nicht immer so.

Eine neue Zeit. Früher gehörte der Main der Industrie, der chemischen vorneweg. Ganz andere Zeiten. Bei Main dachte man nicht an Spazierengehen, Schlendern und Kaffeetrinken. Den Main brachte man mit Maloche in Verbindung. Für die Plackerei steht der Hafenarbeiter. Eine Plastik des Künstlers Constantin Meunier, die seit 1910 am südlichen Kopf der Friedensbrücke steht und einen selbstbewusst wirkenden Arbeiter zeigt. Der Hafenarbeiter, wie Meunier seine 1890 entstandene Figur aus Bronze nannte, erinnert an schwere Arbeit: Seinen Nacken schützte er vor Staub und gegen das Scheuern durch die Last diente ihm ein Tuch auf seiner derben Kleidung. Geschaffen hat Meunier sein Werk im Auftrag von Leo Gans, dem früheren Chef des Frankfurter Chemie-Unternehmens *Cassella*. Der Hafenarbeiter erinnert an alte Zeiten im Westhafen am nördlichen Kopf der Friedensbrücke. Zu Beginn des 21. Jahrhunderts gestaltete man den Westhafen um. Nach dem Vorbild von Städten wie London entstand ein Quartier für Büros und Wohnungen. Teils mit Bootsanlegestegen. Der Beginn des neuen Viertels wird vom Westhafen Tower markiert: Der Frankfurter nennt ihn wegen seiner an ein Apfelweinglas erinnernden gläsernen Rauten eher „das Gerippte".

Der über 100 Jahre alte Osthafen hingegen wird noch weiter als Containerhafen genutzt. Auch wenn ihm die Europäische Zentralbank nahe auf die Pelle gerückt ist und die Stadt überall fieberhaft nach Flächen für den Wohnungsbau fahndet. Der Beladekran auf Höhe des Geldinstituts allerdings steht nur noch aus nostalgischen Gründen dort: Ein Industriedenkmal und trendige Kulisse des Lokals *Oosten*, beliebter Stopp für Radfahrer, die das nördliche Mainufer für ihre Touren nutzen.

Ein paar Meter weiter kommt die weiße Fassade des Literaturhauses, bei dem man gleich weiß, warum es so heißt. So naheliegend ist die Verbindung schon ein bisschen weiter aufwärts im *Nizza* nicht mehr. Im Grunde ist es kurios, dass der Frankfurter diese Grünanlage am Mainufer so bezeichnet: *Nizza* fiel ihm wegen der Palmen und anderen mediterranen Pflanzen ein, die hier zwischen Friedens- und Untermainbrücke einen Hauch von Riviera verbreiten sollen. Von der Terrasse des gleichnamigen Restaurants hat man einen guten Blick auf die andere Seite des Mainufers. Ist die Friedensbrücke auf dem weiteren Weg nach Westen genommen, kommt auch bald der Strand. Gleich unter der Eisenbahnbrücke im Gutleut. Genauer gesagt am Wasserhäuschen, von Frankfurtern und seinem Betreiber auch *Orange Beach* genannt. Dort kann man sich für die Pause im Strandkorb ein Bierchen besorgen. Der Fluss hat ohnehin einen guten Einfluss auf die Stadt. Stadtteile wie Griesheim, die man sonst über die Mainzer Landstraße ansteuert und es nicht schlimm findet, keine Zeit für einen Kaffee zu haben, wirken am Main plötzlich so, als müsse man hier unbedingt nach einer Wohnung suchen. Mit einem Mal erschließt sich auch, warum es in dem Kinderlied heißt: „Es führt über den Main, eine Brücke von Stein, wer darüber will gehen, muss im Tanze sich drehen."

Wer es traditionell liebt und sich auf historische Spuren begeben mag, steuert auf der anderen, der südlichen Seite des Flusses, ganz im Osten der Stadt, die Gerbermühle an. Goethe ist auch schon da gewesen und manche Gäste gucken so, als käme er jeden Moment wieder auf die Terrasse und bestelle *Grie Soß*. Von der Gerbermühle aus, gilt es beim Skaten, Joggen, Radfahren oder Spazierengehen am Main bis zum Eisernen Steg eine grundlegende Frage zu entscheiden: Handkäs oder Döner. Ganz schwierig. Bei gutem Wetter aber einfach: Erst einen Handkäs auf dem Schiff, das stets direkt neben dem Eisernen Steg auf der südlichen Seite festliegt, und danach an dem Bötchen Fleisch vom Spieß, das 150 Meter weiter in Richtung Westen im Dönerbötchen zu haben ist.

Noch eine Ecke weiter am Niederräder Ufer liegt das Licht- und Luftbad. Auf Höhe der Uni-Klinik mag man gar nicht glauben, wie überaus entspannt Frankfurt sein kann, wenn man über den Steg den kleinen Seitenarm der Mains gequert hat und sein Plätzchen am Fluss auf der Halbinsel gefunden hat. Hier wartet keiner auf Goethe. Eine gute Gelegenheit, das Reclam-Heftchen auszupacken und nachzulesen, was der Dichter zu Papier brachte.

Auf beiden Seiten des Flusses gewinnt man von Frankfurt Perspektiven – vertraute, aber man muss auch mit neuen Blickwinkeln rechnen. Im Osten gibt es das *Blaue Wasser*, eine geräumige Wirtschaft mit dem vielleicht schönsten Sommergarten am Ufer des Flusses. Auf den letzten Metern des Mains in Frankfurt-Höchst, also tief im Westen, kann man dem weiter in dieser Richtung fließenden Gewässer mit Hölderlin zurufen: „dem Bruder zu, dem Rhein", und dann geht es „mit ihm in den Ozean freudig nieder!"

Skyline
Hoch hinaus

29. Stock: Vom Pissoir des Herren-Klos im Main Tower fällt der maintower.de
Blick in Richtung City. Es ist ein Erlebnis. In luftiger Höhe. Eine
Attraktion der Frankfurter Skyline. Der Main Tower gehört dazu
und ist bestimmt eines der ansehnlichsten Exemplare, die die Silhouette der Hochhäuser zu bieten hat: 200 Meter ist der Main
Tower hoch, samt rot-weiß gestreiftem Mast sogar 240 Meter. Der
Main Tower ist eines der beliebtesten Hochhäuser – schließlich
ist er öffentlich zugänglich. Von der Besucherterrasse direkt unterhalb des Mastes hat man einen sensationellen Blick: 360 Grad.
Bei gutem Wetter kann man bis zum Feldberg schauen, das Waldstadion und den Flughafen entdecken. Frankfurt wirkt von hier
oben fast niedlich. Überschaubar. Kompakt. Alles schnurrt zusammen wie bei der Faller-Eisenbahn. Die Alte Oper, die Bögen
des Hauptbahnhofs, der Commerzbank-Tower: zum Greifen nahe.
Paulskirche, Dom, die EZB. Klar, das da jeder sein Handy zückt.
Geplant hat den zwischen 1996 und 1999 entstandenen Main
Tower das Hamburger Architekturbüro *Schweger + Partner*. Mit
dem Main Tower wussten die Frankfurter: Der schlanke runde
Glas-Turm mit dem etwas niedrigeren quadratischen Anbau würde
nicht das letzte Bauwerk bleiben, das seine wirkungsmächtige
Dimension vor allem in die Höhe entfalten sollte.
Bereits von der Autobahn aus ist die Skyline gut zu sehen. Dann
bleibt dem Frankfurter etwa nach dem Sommerurlaub im Süden
für einen Augenblick die Spucke weg: Die Skyline, sagen sie
dann. Das heißt nur: Wieder zuhause.
Das war nicht immer so. Frankfurt hat lange mit seinen Türmen gehadert. Und *Mainhattan* galt zunächst neben *Bankfurt*
und *Krankfurt* als Schimpfwort. Inzwischen hat sich die Stadt
mit ihren Hochhäusern versöhnt, feiert Wolkenkratzer-Festi-
vals und vergibt einen Hochhaus-Preis. Dabei war Frankfurt in
Sachen Vertikale eigentlich ein Spätzünder. Bemerkenswerte,
neue Bauten aus den Anfangsjahren des 20. Jahrhunderts wurden

zwar wahrgenommen, aber nicht gleich zum Maßstab des eigenen Bauens gemacht. Das Chilehaus in Hamburg und der Borsig-Turm in Berlin spornten zwar die Fantasie an, sollten aber nicht die beispielgebenden Schrittmacher werden. Zumal die Hochhaus-Bebauung in New York doch vor allem in den Augen europäischer Beobachter darunter litt, den Menschen zu wenig Raum zu lassen. Ganz neue Akzente lieferten im Wiederaufbau nach dem Krieg zunächst das AEG-Hochhaus am Theodor-Stern-Kai, das Juniorhaus am Kaiserplatz und das Bienenkorbhaus an der Konstablerwache.

Später gingen die Frankfurter gegen die hohen Häuser auf die Straße: Als Spekulanten Altbauten abrissen, die im Krieg nicht zerstört worden waren – um etwa im großbürgerlichen Westend Platz für Büro-Hochhäuser zu schaffen. Es waren Bürger und beherzte Kirchenfrauen, die sich dagegen organisierten, in der Aktionsgemeinschaft Westend, kurz AG Westend genannt. Später kamen revoltierende Studenten dazu. Häuserkampf hieß das dann. Altbauten wurden besetzt, um Investoren am Abriss zu hindern. Unter den Hausbesetzern: Joschka Fischer, später Außenminister, und Daniel Cohn-Bendit, später Europaabgeordneter der Grünen. Das Unbehagen an den neuen Hochhäusern brachten viele Frankfurter Bürger in der Nacht vom 23. August 1973 zum Ausdruck – als das Selmi-Hochhaus gegenüber dem Goethe-Gymnasium brannte und die Menschen Beifall klatschten. Der einfallslose braune Turm am Platz der Republik galt als Symbol für die verhassten Spekulanten. Von Ereignissen wie diesen inspiriert, erschien 1973 der Roman *Die Erde ist so unbewohnbar wie der Mond* von Gerhard Zwerenz und zwei Jahre später das daran angelehnte Theaterstück *Der Müll, die Stadt und der Tod* von Rainer Werner Fassbinder. Das umstrittene Drama spielt mit dem Klischee vom „reichen Juden" und sollte 1985 im Schauspiel Frankfurt uraufgeführt werden. Frankfurter Bürger wie Joachim

Fest, Salomon Korn und Ignatz Bubis warfen dem Stück Antisemitismus vor, besetzten das Theater und verhinderten die Aufführung. Auf der anderen Seite: der ehemalige Hausbesetzer Daniel Cohn-Bendit, der sich im Schauspiel für die Freiheit der Kunst aussprach.

Zu diesem Zeitpunkt in den 80er Jahren war die Skyline bereits beachtlich gewachsen und ein Sinneswandel bahnte sich an. Langsam begannen die Frankfurter, sich an die hohen Häuser zu gewöhnen. 1977 war das Gebäude der Bank für Gemeinwirtschaft am Theaterplatz eröffnet worden, das später unter dem Label *Eurotower* bis zum Umzug in das neue Gebäude die Europäische Zentralbank beherbergte.

Ein Jahr später, 1978, war der Silberturm bezugsfertig, und blieb bis 2008 Sitz der Dresdner Bank. Die Frankfurter Planer des Büros *Apel Beckert Becker* (ABB) hatten einen futuristischen Turm aus hellem Aluminium und mit gerundeten Ecken gestaltet. Ein Gebäude, das den Frankfurtern auch wegen seiner Unaufdringlichkeit gefiel. Lange das höchste Haus Deutschlands, gilt es heute als ein die Skyline schmückender Klassiker.

Ebenfalls ein Klassiker: Soll und Haben – die 1984 fertiggestellten Zwillings-Türme der Deutschen Bank mit ihrer spiegelnden Fassade. Erbaut nach Plänen der Architekten Walter Hanig, Heinz Scheid und Johannes Schmidt.

Im Hochhaus-Bau steht Frankfurt Mitte der 80er Jahre vor einer Zeitenwende: Man verabschiedet sich vom Prinzip der Bündelung an wenigen Orten der Stadt und lässt nun zu, dass an verschiedenen Punkten der Stadt Hochhäuser entstehen. So baut der Architekt Oswald Mathias Ungers 1985 das Torhaus auf dem Areal der Messe, das alsbald „Guillotine des Kapitals" genannt wird. Wenig später beginnt unmittelbar an der ehrwürdigen Festhalle der Bau des Messeturms als Kontrapunkt zum Turm des Kaiserdoms. Zum Vergleich: Der Domturm misst 95 Meter, der Messeturm

256 Meter. 1997 kommt neben vielen anderen hohen Gebäuden der amtierende Riese dazu: der nachts dramatisch angestrahlte Commerzbank-Tower des englischen Star-Architekten Sir Norman Foster. Mit 259 Metern das höchste Haus in Deutschland.

Für viel Aufsehen und einige Kontroversen sorgte auch der Neubau der Europäischen Zentralbank im Frankfurter Ostend – vor allem wegen des umstrittenen Umgangs mit der davor liegenden, denkmalgeschützten Großmarkthalle von Martin Elsässer als Entrée.

Der heimliche Liebling der Frankfurter aber ist das „Gerippte", eigentlich Westhafen Tower genannt. Das elegante gläserne Gebäude der Frankfurter Architekten Schneider und Schumacher erinnert mit seiner Fassade an ein Apfelweinglas. Wie passend.

Rathaus
Die spinnen, im Römer

Gegen den BVB kann man verlieren. Das ist bedauerlich. Aber an diesem Tag nach dem Finale im Berliner Olympiastadion zwischen den Kickern aus Dortmund und denen von Eintracht Frankfurt ohnehin nicht mehr zu ändern. 28. Mai 2017, nachmittags, die Spieler der *Eintracht* kehren aus Berlin zurück. Direkt zum Römer. Sie verloren tags zuvor zwar das Endspiel im DFB-Pokal. Die Fans wollen ihre Mannschaft dennoch auf dem Römerberg in Frankfurt willkommen heißen. Und Tausende warten stundenlang in der sengenden Hitze. Das versteht sich doch von selbst. Passiert schließlich nicht alle Tage, so ein DFB-Pokal-Finale.

Vom Balkon des Römers lassen sich die *Eintracht*-Spieler unter Trainer Niko Kovac blicken und von den Frankfurtern feiern: Da mischt sich auch die lokale Polit-Prominenz gerne unter die Gäste. Bilder mit Pokalfinalisten oder dem DFB-Team auf dem Balkon des Römers machen sich immer gut. Da ist es schon etwas ganz anderes, wenn auf dem Vorplatz des Frankfurter Rathauses Bürger gegen das Niveau der Mietpreise protestieren. Oder gegen den Fluglärm.

Im Vorfeld der Sitzungen des Stadtparlaments werben sie häufig lautstark für ihre Anliegen. Dann machen die Protestierenden die im Römer verantwortlich. Wen sonst. Freundlich klingt das nicht. Wie immer, wenn ein neues Schwimmbad oder günstigere Wohnungen auf sich warten lassen. Immer trifft es die im Römer. Man sagt dann auch gern: Die spinnen im Römer. Die im Römer, das ist eine Formel, um zielgewiss die Quelle des kommunalpolitischen Malheurs auszumachen.

Bezeichnet sind damit zwei Gruppen, die man im Römer antrifft: Im Römer sitzen Beamte, die die Stadt als sicheren Arbeitsplatz zu schätzen wissen, und die Leute aus Parlament und Stadtregierung. An Beamten lässt kein Mensch ein gutes Haar. Kommunalpolitiker sehen sich ständig dem Verdacht ausgesetzt, ihnen gehe es nur um die eigene Wiederwahl oder sie strebten gar nach

Zeil 3 ist das Amt bei der Stadt Frankfurt, das Dokumente auf den neuesten Stand bringen kann. Das Behördenzentrum hinter dem Hauptbahnhof ist für Fragen der Steuer und des Gewerbes die Anlaufstation.

Höherem. Beiden Gruppen tut man damit natürlich unrecht. Sagt in Frankfurt heute keiner, er gehe ins Rathaus, er suche das Herz der Stadt auf oder schaue im Zentrum der Macht vorbei. Alle sagen, man gehe in den Römer, weltbekannt und deshalb für jeden Frankfurt-Besucher ein Muss.

Im Römer gehts nicht um schnöde Behördengänge oder Fragen nach Papieren – dafür steuert der Frankfurter das eigens eingerichtete Amt an der Zeil 3 an oder für Fragen der Steuer und des Gewerbes das Zentrum hinter dem Hauptbahnhof.

Der Römer ist Frankfurter Wahrzeichen und ein Ort der Macht. Seit dem 15. Jahrhundert heißt das Rathaus der Stadt am Main „Römer". Am 11. März 1405, einem Mittwoch, erwarb der Rat der Stadt die Häuser *Zum Römer* und *Zum Goldenen Schwan* für 800 Gulden. Seitdem ist der „Römer" das Rathaus Frankfurts. Das gesamte Ensemble zum Römerberg hin: drei Häuser mit diesen markanten Treppengiebeln, die zum Platz hin eine Linie markieren.

Der Name des Rathauses ist umwoben von vielen Sagen. Man erzählte sich früher, dass einst in dem Haus Warenhändler aus Rom lebten. Möglich auch, dass es sich um andere Gewerbetreibende aus Italien gehandelt hat. Genaueres weiß keiner. Damals galt: Wer aus Italien kommt, muss Römer sein. Und in Rom lebt auch der Papst. Sein Palast hieß Lateran. Das Haus unmittelbar links neben dem Römer nannten die Frankfurter in dem ihnen eigenen Dialekt „Laderam". Manche Frankfurter deuten das als Hinweis auf den Ursprung des Namens, denn in der Nähe eines päpstlichen Gebäudes konnte es doch nichts anderes geben als – etwas Römisches.

Während des Kriegs setzten Luftangriffe der Stadt insgesamt, aber auch dem Römer empfindlich zu. So ist das Rathaus heute im Inneren wesentlich ein Resultat der Bebauung aus der Nachkriegszeit. Nach dem Entrée führt eine endlos wirkende

Treppe oben links in den Kaisersaal und rechts in das Büro des Stadtoberhaupts.

Im Kaisersaal finden sich Porträt-Malereien der in Frankfurt gewürdigten staatlichen Oberhäupter. Nach ihrer Wahl schritten sie vom Kaiserdom über einen eher schmucklosen Pfad zum Rathaus, eine innerstädtische Verbindung zwischen Dom und Römer, zwischen beiden Wegmarken liegen der Krönungsweg und knappe 300 Meter Distanz. Im Kaisersaal steht am Anfang der Ahnenreihe aus guten Gründen Karl der Große. „Er hat Frankfurt groß gemacht", sagt der Historiker Johannes Fried über den Regenten. In Frankfurt habe er oft die Truppen gesammelt, um schließlich weiter nach Sachsen zu marschieren. Frankfurt habe, damals wie heute, an wichtigen Verbindungsachsen gelegen. Karl gilt als „Vater Europas".

In diesem Sinne erinnern Frankfurts Katholiken Ende Januar jeden Jahres mit dem Karlsamt im Kaiserdom an den Regenten. In Frankfurt wurden die Kaiser gewählt, in Aachen gekrönt, ab 1562 auch in Frankfurt. Dass Frankfurt der Wahlort sein sollte, bestimmte 1356 die *Goldene Bulle*. Der Bulle schreibt man den Status eines grundlegenden Gesetzes zu. Im Kaisersaal findet sich die Galerie sämtlicher Kaiser und Könige des Heiligen Römischen Reiches Deutscher Nation – von Karl dem Großen bis Franz II. Heute nutzt die Frankfurter Stadtregierung den Kaisersaal zu besonderen Ehrungen.

Neben dem Kaisersaal liegt das Standesamt. Dort heiratet man im 20-Minuten-Takt. Sechs Tage in der Woche. Die meisten Paare wählen den Römer auch wegen der Treppe. Nach dem Ja-Wort steigt man hinab und wird von Freunden und Familie, die sich links und rechts der letzten Stufen postiert haben, mit Reis, Konfetti oder Sekt empfangen. Der Römer: eine klassische Kulisse für Bilder von Hochzeits-Paaren und Pokal-Helden.

Flughafen
Unter den Wolken

Er lässt Urlaubsgefühle aufkommen, bringt Anwohner um den Schlaf, ist umworben, umkämpft, wird geliebt und gehasst: der Frankfurter Flughafen, kurz FRA genannt.

Neapel, in wenigen Minuten. New York, geht gleich los. Moskau, Anschluss von Flugsteig B30. Von Frankfurt aus in die ganze Welt: Einsteigen, aussteigen, umsteigen.

Manche sagen, der Flughafen sei der internationalste Ort der Stadt. Und er ist nach London, Paris und Amsterdam der viertgrößte Airport Europas. Drehscheibe in der Mitte des Kontinents. Mit knapp 65 Millionen Passagieren im Jahr. Für Künstler, Geschäftsleute und andere Vielflieger ist der Flughafen ein wichtiger Grund, sich in Frankfurt anzusiedeln. An wenigen Orten der Welt ist der Flughafen so schnell zu erreichen. Gerademal zwölf Kilometer liegen zwischen City und Rollbahn. Die S-Bahn schafft die Strecke in elf Minuten. Viele Reisende kennen Frankfurt nur vom Flughafen aus. Ganz schön was verpasst, kann man da nur sagen. Aber auf dem Flughafen lässt es sich auch eine Weile aushalten. Passables Essen. Ein gutes Sortiment an Zeitungen. Und ziemlich edle Läden. Sogar der ein oder andere Frankfurter wird hier am Sonntag beim Shoppen erwischt. Für manch geübten Einkäufer eine Vorstufe des Paradieses: gediegene Schuhe aus Pferdeleder, mondäne Sonnenbrillen und goldene Füllhalter.

Der Flughafen spaltet in der Region die Geister: Für die einen ist er „die Jobmaschine", für die anderen bedeutet er vor allem Lärm und Treibhausgase. Ein Konflikt, der es in sich hat. Im Grunde prallen wegen des Flughafens ständig Ökonomie und Ökologie aufeinander. Wer sich traut, etwas gegen den Flughafen zu sagen, muss sich von eingefleischten Befürwortern gleich fragen lassen, ob er selbst etwas gegen Urlaubsreisen in sonnige Ecken der Welt einzuwenden habe und ob er Arbeitsplätze gefährden wolle. Schließlich verbindet sich Frankfurts Wohlstand wie selbstverständlich mit dem Flughafen. Mehr als 80.000 Jobs für die

Den Flughafen Frankfurt gibt es seit 1936. Damals verlegte man den Flugverkehr vom viel kleineren Messegelände nahe der City auf ein größeres Areal südwestlich der Stadt. Heute ist FRA, wie das Kürzel für Frankfurt im internationalen Luftverkehr heißt, nach London, Paris und Amsterdam der viertgrößte Flughafen in Europa. 2017 nutzten ihn knapp 65 Millionen Passagiere.

gesamte Rhein-Main-Region meldet Flughafenbetreiber Fraport. Deshalb kennen viele auch keinen Spaß, wenn man das Thema anschneidet, überhaupt keinen Spaß, auch Politiker nicht. Dabei hat der Ausbau des Flughafens eine halbe Region auf die Barrikaden gebracht und der zunehmende Lärm vor allem in den südlichen Stadtteilen schon Oberbürgermeisterwahlen entschieden. Dabei sind intelligente Kompromisse gefragt. Schließlich geht es um die Lebensqualität der Frankfurter, darum, Vorhandenes zu schützen, ein vertretbares Maß, eine akzeptable Balance zwischen Ökonomie und Ökologie zu finden.

Die Frankfurter wollen sich ihren Flughafen nicht nehmen lassen. Richtige Fans trifft man auf der Besucherterrasse oder auf der Brücke über die achtspurige A5 in Richtung Darmstadt, der die Flugzeuge kurz vor dem Aufsetzen bedenklich nahe kommen. Der perfekte Standpunkt zum Fotografieren. Vom Motorengeräusch der Autos und der landenden Jets lassen sich wahre Fans in diesen Augenblicken nicht abschrecken.

Es gab Zeiten, in denen Fliegen nur ein anderes Wort für Euphorie gewesen ist. Auf der Internationalen Luftfahrtausstellung damals auf Frankfurts Messegelände feierte man den Grafen Zeppelin wie einen Helden. Er vermittelte zu Beginn des 20. Jahrhunderts Zuversicht und stand für eine verheißungsvolle Zukunft. Doch mit der Zeppelin-Katastrophe 1937 wollte keiner mehr diese Euphorie teilen. Die *Hindenburg*, gestartet vom noch jungen Flug- und Luftschiffhafen Rhein-Main, explodierte kurz vor der Ankunft in Lakehurst bei New York. Der transkontinentale Flugverkehr von Frankfurt aus kam schlagartig zum Erliegen. Nach dem Krieg bauten die US-amerikanischen Truppen eine neue Start- und Landebahn, von der die so genannten „Rosinenbomber" die Berliner Bevölkerung während der Blockade der Stadt 1948/49 aus der Luft versorgten. Einer dieser Rosinenbomber, eine Douglas C-47 Dakota, erinnert heute noch daran: am Luftbrückendenkmal an der A5, auch die „Hungerharke" genannt. Nach und nach erweiterte Frankfurt Flughafen und Landebahnen – zunächst unter amerikanischer Regie, doch schon bald wieder unter bundesrepublikanischer Flagge.

Wenn die Stadt in der Mitte der Republik schon nicht als Hauptstadt zum Zuge kam, sollte Frankfurt wenigstens der Verkehrsknotenpunkt werden. Die Geschichte des Flughafens ist eine schier endlose Geschichte des Wachstums. Gegen den Bau einer weiteren Startbahn, „18-West", der sogenannten *Startbahn West*, formierte sich Ende der 70er Jahre erbitterter Protest. Die Anti-Startbahn-Bewegung politisiert eine ganze Generation – ein Markstein der aufkommenden Umweltbewegung.

Aus Protest wird erbitterter Widerstand. Im Hüttendorf schließen sich die zusammen, die das Abholzen des Waldes nicht hinnehmen wollen. Vergeblich. 1984 steht die Eröffnung der Startbahn bevor. Danach, das schwören Politiker, werde es keinen weiteren Ausbau des Flughafens mehr geben. Nach den Vorbildern in London und Paris wolle man vielmehr gleichzeitig „FRA-II" planen. Versprochen, aber bald wieder vergessen: Eine weitere Start- und Landebahn, die Landebahn Nordwest wird 2011 eröffnet. Gegner des Flughafens sind reichlich bedient. Sie glauben den Verantwortlichen in Stadt und Land kein Wort mehr, gar nichts. Sie greifen die Tradition der Protestdemonstrationen wieder auf. Immer wieder montags protestieren sie vor den Anzeigetafeln in Terminal 1, gehen gegen den Fluglärm auf die Straße.

Unterstützt von prominenten Köpfen. In diesem Zusammenhang meldet auch der berühmte Hirnforscher Wolf Singer öffentlich Bedenken an, ob der Ausbau des Drehkreuzes Frankfurt / Rhein-Main wirklich genug durchdacht worden sei. Vielmehr könne man sich vorstellen, dass es sich lohne, über ein intelligentes System des Startens und Landens nachzudenken.

Hauptbahnhof
Eiserne Schönheit

Es ist ein Ort, an dem man sich gut vorstellen kann, was mit Weltläufigkeit gemeint ist. Allein die fünf Schwingungen des Daches über die 25 Gleise des Kopfbahnhofs sprechen dafür: der Frankfurter Hauptbahnhof ist eine atemberaubende Konstruktion. Das Dach stammt von Johann Wilhelm Schwedler. Er hatte das insgesamt 28 Meter hohe Tonnengewölbe als prägenden Teil der Station im letzten Drittel des 19. Jahrhunderts geschaffen. Jede einzelne Wölbung überspannt einen Abschnitt der Einfahrten in die wahrlich großzügige Halle.

Bereits 1880 organisierte die Preußische Akademie für Bauwesen den Wettbewerb für den Hauptbahnhof, der ein „höchste künstlerische Kraft herausfordernder Denkmalbau" werden sollte. Baumeister Hermann Eggert aus Straßburg gewann die Konkurrenz. Am 18. August 1888 konnte – nach gerade fünf Jahren Bauzeit – der Centralbahnhof Frankfurt eröffnet werden. Einer der schönsten Bahnhöfe der Welt. Man muss keinen Vergleich scheuen, zu München sowieso nicht, zu Köln auch nicht, zu Leipzig höchstens ein bisschen. Zugegeben, Grand Central in New York ist mondäner und kein Mensch käme hier in Frankfurt auf die Idee, sich im Hauptbahnhof beispielsweise einen trockenen Martini zu bestellen. Im Frankfurter Hauptbahnhof geht es halt bodenständiger zu.

Dafür bekommt man hier jede Tageszeitung der Welt, es gibt jede Menge Bücher, etliche Neuerscheinungen und während der Buchmesse sogar Lesungen in einer Literatur-Lounge. An den unübersehbaren Pavillons in der Halle, auf dem Weg zu den Zügen, wird indischer Reis offeriert, edle Macarons, frischer Matjes aus Norddeich, vietnamesische Nudeln und als kleine Zwischenmahlzeit geräucherte, ausgesprochen bekömmliche Mettenden.

Der Hauptbahnhof zählt heute jeden Tag 450.000 Reisende. Nach Hamburg ist die Frankfurter Station zusammen mit der

Münchner der am zweithäufigsten angesteuerte Hauptbahnhof der Republik. An Spitzentagen fahren circa 1170 Züge in den Kopfbahnhof ein und aus.

Der Hauptbahnhof bringt Reisende aus aller Welt und Pendler mitten in die Stadt. Er ist Drehkreuz in der Mitte Deutschlands und Umsteigepunkt zum Frankfurter Flughafen. Vom Hauptbahnhof aus lässt sich ermessen, was „zentral" heißt. Man ist dann mittendrin. Deswegen legen Frankfurter auch viel Wert darauf, dass der Hauptbahnhof an der Stelle der Stadt bleibt, wo er ist. Als reizvoll geltende Pläne, Frankfurt ähnlich wie Stuttgart zu einer Durchgangsstation zu machen, um die Fahrten der Züge zu beschleunigen und die Flächen der freien Gleise für den Neubau von Wohnungen und Hochhäusern zu nutzen, hat die Bahn vor zwei Jahrzehnten wieder zu den Akten gelegt. Da waren die Frankfurter erleichtert. So blieb ihnen der zeit- und kostenintensive Umbau in der City erspart, den die Stuttgarter erleben. Und der herrliche Hauptbahnhof erhalten. Was für ein Glück.

KLEINE
FLUCHTEN

Botanischer Garten
Senckenbergs Kraut, kleine Fluchten

Siesmayerstraße 72

montags bis samstags 9 bis 18 Uhr, sonntags und feiertags 9 bis 13 Uhr

Für Radfahrer gibt es einige Stellplätze am Eingang

Dieser Ort ist das Paradies. Mitten in der Stadt. Hinter dem Gitter beginnt eine andere Welt. Ein Refugium für Kräuterhexen und passionierte Botaniker, aber auch ein Ort für geheime Liebschaften und kleine Fluchten – nahe des Autobahnzubringers. An diesem herrlich verborgenen Garten zwischen Grüneburgpark und Palmengarten ist Zuversicht zu haben. Etwa mit dem Kraut *allium schoenoprasum.* Das kannten bereits die Zeitgenossen Karls des Großen. Einen Namen gemacht hat sich das Kraut als Schnittlauch. Es findet sich im Paradies mitten in der Stadt, das auf dem Stadtplan den Namen „Botanischer Garten" trägt und sich zwischen den beiden Stadtteilen Bockenheim und Westend versteckt. Das Paradies hat Frankfurt Johann Christian Senckenberg zu verdanken. Der Arzt und Naturforscher stiftete der Stadt 1763 sein gesamtes Vermögen. Aus „Liebe zur Vaterstadt" und in Folge schwerer Schicksalsschläge: Drei Ehefrauen und alle seine Kinder starben an Krankheiten.

Seine *Dr. Senckenbergische Stiftung* sollte für eine „bessere Gesundheits-Pflege hiesiger Einwohner und Versorgung der armen Kranken" sorgen und baute unter anderem das „Bürgerhospital". Senckenberg war ein früher Verfechter der ganzheitlichen Medizin: Er setzte auf die Kraft der Heilkräuter und legte auf seinem Stiftungsgelände am Eschenheimer Turm den Vorläufer des Botanischen Gartens an.

In dieser ehrwürdigen Tradition wachsen auch im heutigen Botanischen Garten an anderer Stelle Arzneigewächse zu Ehren des großzügigen Stifters. Schließlich bringt Botanik Zuversicht.

Aus diesem Grund findet sich im botanischen Garten auch *Echter Baldrian.* Das ist ein Mittel gegen die Anspannung. Es blüht zwischen Mai und September. Seine Frucht wirkt „nussähnlich", die Blüten fallen „klein, hellrosa" aus, gibt die Beschilderung im Kräutergarten Auskunft. Baldrian kennt jeder. Ein Aufguss als Tee und schon kommt die Beruhigung. Damit ist „die medizinische

Verarbeitung", wie es im Kräutergarten heißt, bei „nervösen Angst- und Spannungszuständen" gemeint. „Volkstümlich" werde der vor allem in Europa und den gemäßigten Zonen Asiens verbreitete Baldrian als „Nerven- und Magenmittel" genutzt.

Kann man gebrauchen. Denn das Paradies straft die Vorstellung Lügen, ein Paradies sei auch ein Ort der Stille. Die nahe Miquelallee erinnert den Besucher an den Takt der Stadt – lässt einen zumindest am Rand des Botanischen Gartens nicht in allzu viel Kontemplation versinken.

In Frankfurt bricht die Botanik mit der Vorstellung, Kräuter seien nur etwas für Alte, da die noch wissen, wie man Kräuter behandelt, was man mit Baldrian alles machen kann, warum die zierlichen Pflanzen doch im Grunde Sinnbilder der Unaufgeregtheit sind. Zur Botanik aber gehört nicht allein Baldrian und Schnittlauch. Im Kräuterfeld findet sich auch in Erinnerung an den von Hildegard von Bingen beförderten Klostergarten *artenisia absinthinum*, gemeinhin auch bekannt als Wermuth. Der botanische Garten ist aber auch ein Gebiet des Schutzes, damit „die Hahnenfußgewächse" nicht einfach aus dem Paradies vertrieben werden. *Adonis vernalis*, geschützt über die Rote Liste, trägt gelbe Blüten, wird bis zu 30 Zentimeter hoch und hat eine Vorliebe für „sonnige Kalklagen". Im Botanischen Garten hat Adonis dieses Plätzchen gefunden.

Geöffnet ist das Paradies vom letzten Sonntag im Februar bis Ende Oktober wochentags von 9 bis 18 Uhr. Ins Paradies vorgelassen werden nur Fußgänger. Und gelegentlich Frischverliebte. An sich aber ist der botanische Garten ein guter Ort für die selbstgewählte Einsamkeit. Mitten in der Stadt. Hinter dem Gitter beginnt die andere Welt. Es ist das Paradies.

Um Frankfurt besorgt, der Aufklärung verpflichtet, den Mitmenschen zugetan – das sagt man bis heute über Johann Christian Senckenberg. Ihm hat die Stadt vieles zu verdanken, unter anderen den Botanischen Garten, der am besten über den Grüneburgpark zu erreichen ist.

Das Hausener Freibad
Für Frühaufsteher

Ludwig-Land-
mann-Straße 341

Täglich geöffnet 6:30
bis 20 Uhr

Eintritt bis 60 Minuten
vor Schluss

Von Mitte Oktober
bis Ende März ge-
schlossen

Man kennt sich. Meist weiß man ganz genau, wer in den frühen Morgenstunden wann kommt. Im Wasser macht keiner dem Anderen was vor. Jeder weiß, dass schon Ungewöhnliches passiert sein muss, wenn der ältere Herr weit nach 7 Uhr eintrifft. Kommt sonst nicht vor. Denn eigentlich ist er immer pünktlich.

Die für eine flüchtige Stunde im Hausener Freibad zusammenkommende Gemeinschaft weiß genau, dass sie eine ganz besondere ist. Fragen stellt keiner. Die meisten Schwimmer kennen sich nur vom Sehen, mit nassen Haaren und im Badeanzug oder Short. Man weiß es zu schätzen, nicht danach gefragt zu werden, was der Tag wohl noch so alles bringen werde. Sagt morgens in Hausen kein Mensch.

Man kennt sich, sagt „Guten Tag" und „Auf Wiedersehen", redet aber ansonsten nichts. Kein Wort während des kurzen Abduschens auf dem Weg in das große Becken. Kein Wort bei der ersten Berührung mit dem geschmeidig angewärmten Wasser. Bestimmt keine Silbe, beim Bahnen ziehen.

„Elegant, fast wie ein Schwan
zieh ich einsam Bahn um Bahn",
notiert der Frankfurter Cartoonist Hans Traxler in seiner Hommage *Ein Sturmtief überm Freibad Hausen*. Es ist ein komisches Gedicht, illustriert mit köstlichen Zeichnungen über das Freibad, in dem der Autor als angenehme Seite eines aufziehenden Gewitters die spontane Entvölkerung des Schwimmbades preist:
„Während noch die Kinder tollen
hört man leises Donnergrollen".

Doch die Kinder tollen zu anderen Zeiten im „Hausener" als die passionierten Frühschwimmer. Und außerdem: Wer für die Kinder Spaßbäder sucht, kommt in Eschersheim und im Brentanobad eher auf seine Kosten. Punktum. Die sind dort bestimmt besser aufgehoben, denken Schwimmer nicht ganz uneigennützig. Laut sagen würden sie so etwas niemals. Und nach Acht können die

Familien gern kommen. Und die Langschläfer auch. Aber für den Dichter und die anderen aus der Gemeinschaft der Hausener Schwimmer, gilt es, bis dahin ungestört zu kraulen oder brustzuschwimmen.

Und erst dann zu frühstücken. Nach dem ausgiebigen Duschen, bei dem das Färben von Bart und Haar ausdrücklich verboten ist. Später wären im Freibad auch Brötchen oder Pommes zu haben, aber das ist nichts für die wahren Schwimmer. Schließlich ist für sie der Besuch im Hausener Freibad wie ein Besuch im Vorraum des Tages. Erst danach geht der Alltag seinen Gang.

Jetzt aber geht die beschauliche Morgenstunde schon wieder zu Ende. Gut, dass das „Hausener" nicht nur republikweit das erste Schwimmbad ist, das die Saison im Freien eröffnet, sondern meist auch erst im späten September schließt. Das Geheimnis: Das Hausener Freibad ist beheizt und ermöglicht so lange Monate des Freischwimmens. Auszeiten über oder unter Wasser. Dann ist es für die Schwimmer in den frühen Morgenstunden für einen Augenblick so, als werde Frankfurt stillgestellt. Als gebe es nur das Wasser, 25 Meter und dann die Kehrtwende. Danach kann kommen, was will. Sprechen muss auch niemand. Außer vielleicht „Guten Tag" und „Auf Wiedersehen".

Ich-Denkmal
Vier Stufen zum Ruhm

Ein Denkmal ist ein Dokument aus einer anderen Zeit. Könnte man denken. Ein Ort der Erinnerung. Zuallererst fällt einem dann ein Denkmal mit einer Reiter-Statue ein, die beispielsweise den Alten Fritz vielleicht heldenhaft, sicherlich aber erhobenen Hauptes zeigt. So etwas gibt es heute gar nicht mehr. Jeder ist ein Held. Berühmt für ein paar Minuten.

Mit diesem Gedanken spielt das aus der Ferne eher unspektakuläre Podest, auf das der Spaziergänger am Oberräder Mainufer zwischen Rudererdorf und Gerbermühle stößt: das Ich-Denkmal von Hans Traxler. Der ist seines Zeichens Maler und Cartoonist, Vertreter der komischen Kunst der *Neuen Frankfurter Schule,* Liebhaber des Hausener Freibads und hat sich das „Ich-Denkmal" ausgedacht.

In Stein gehauen hat es der Bildhauer Reiner Uhl. Das Denkmal ist 106 Zentimeter hoch, 170 Zentimeter lang und 65 Zentimeter breit. Es besteht aus rotem Mainsandstein, der aus der Miltenberger Region stammt. Das Besondere: Der Sockel ist leer. Auf seiner Rückseite befinden sich vier Stufen. Um dies zu ändern. Zumindest für ein paar Sekunden oder wenige Minuten.

Auf der Frontseite findet sich in goldenen Buchstaben das Wort „Ich". Damit wird jeder Spaziergänger, der sich die geringe Mühe macht, die vier Stufen auf den Sockel emporzusteigen, für einen Augenblick zu einem Helden. Jeder, ganz allein, nur einen Moment. Das kann ein großer Augenblick sein, durchaus. Auf jeden Fall sollte dieser, wenn womöglich auch zaghafte Auftritt, fotografisch festgehalten werden. Für die Zeit danach.

So ist es vom Künstler auch gedacht. Denn eingefasst ist das Denkmal von einem etwa zehn Meter um das Denkmal gezogenen Halbkreis aus Platten, eine Art Fußweg. Auf sechs Zeichnungen hat Hans Traxler Beispiele aufgeführt, wie man das Denkmal benutzen kann, bevor man die Stufen besteigt und sich als denkmalswürdig präsentiert.

Die schärfsten Kritiker der Elche waren früher selber welche.

F.W. Bernstein

Dazu gibt es den folgenden Text:

Jeder Mensch ist einzigartig.
Das gilt natürlich auch für alle Tiere.
Halten sie das für immer fest. Hier.

Ein Mitmach-Denkmal also und in gehörigem Abstand zum Denkmal und nahe am Fußweg der Uferpromenade ist der Punkt markiert, den ein Fotograf einnehmen sollte, um ein Bild vom „Ich" zu machen. Wenn das Foto nicht als Selfie entsteht. Was allerdings ohne längeren Selfie-Stick schwer zu bewältigen ist.
Das „Ich" muss sich auf dem Podest postieren und dort einfach einen Augenblick stehen bleiben. Vor allem im Sommer ist das äußerst beliebt: Rennfahrer in Radlerhosen nehmen Haltung ein, Brautpaare posen, geliebte Vierbeiner werden auf den Sockel gehoben.
Und was will uns der Künstler mit dem „Ich-Denkmal" sagen? Jeder ist einzigartig? Oder ein Künstler? Auf jeden Fall Denkmal-würdig? Oder ist das einfach ein großer Spaß?
Am besten findet man selbst eine Antwort. Vielleicht auch nur ganz für sich.

Hauptfriedhof
Paulinchen und Goethes große Liebe

Die Welt ist schlecht. Um sich in dieser Sicht der Dinge bestärken zu lassen, holt man sich immer gern bei Arthur Schopenhauer Rat, dem angesehenen Philosophen der Schlechtgelaunten. Er gilt als Frauenhasser und als Misanthrop. Das sagen alle. Und setzen als Beleg einen Satz des Philosophen aus dessen grundlegendem Werk *Die Welt als Wille und Anschauung* hinzu: „Es gibt nur einen angeborenen Irrthum, und das ist der, dass wir da sind, um glücklich zu sein." Die Vorstellung der Welt als „ein Jammertal", gibt es auf den Punkt gebracht bei Schopenhauer.

Zumindest in der zweiten Hälfte seines Lebens, nach Enttäuschungen in der Liebe und nach der Entscheidung für ein Leben als Einzelgänger. Schopenhauer, Hundeliebhaber mit einer besonderen Vorliebe für Pudel, fand sein Ende in Frankfurt am Main, wo er die letzten 27 Jahre seines Lebens verbrachte, wohnhaft zuletzt in der *Schönen Aussicht*. Wie es sich für prominente Frankfurter gehört, ist er auf dem Hauptfriedhof begraben. Im ältesten Teil des Gräberfeldes an der Eckenheimer Landstraße. Im September 1860 hat man Schopenhauer dort beigesetzt, er starb im Alter von 72 Jahren. Hinter dem Eingang des Hauptfriedhofs an der Eckenheimer Landstraße mit seinem klassizistischen Alten Portal findet man alsbald sein Grab, muss nur den Hinweis-Schildern „Zu Schopenhauers Grab" folgen. Schlicht, von Efeu dicht bewachsen, beschwert von einem kräftig wirkenden Grabstein aus Schiefer. Darauf platziert: Eine frische Rose für den unglücklichen Philosophen, die irgendwie versöhnlich anmutet.

In diesem Bereich des 1828 eröffneten Hauptfriedhofs gibt es nur wenige Grabstätten aus neuerer Zeit. Diese finden sich eher im östlichen Teil des Gräberfeldes, zur Friedberger Landstraße hin. Viele, die den Hauptfriedhof besuchen, haben keine Angehörigen, die hier begraben sind, sie steuern die Gräber berühmter Frankfurter an oder lassen bedeutende Etappen der Stadtgeschichte auf einem Rundgang Revue passieren. Für diese steht das Grab von

Struwwelpeter

„Konrad!", sprach die
Frau Mama,
„Ich geh aus und du
bleibst da.
Sei hübsch ordentlich
und fromm,
Bis nach Haus ich
wieder komm.
Und vor allem,
Konrad, hör!
Lutsche nicht am
Daumen mehr;
Denn der Schneider
mit der Scher'
Kommt sonst ganz
geschwind daher,
Und die Daumen
schneidet er
Ab, als ob Papier
es wär'."

Heinrich Hoffmann

Heinrich Hoffmann, den Frankfurter Nervenarzt und Autor des Struwwelpeter. Oder das schlichte weiße Marmorkreuz für das mit Feuer spielende „Paulinchen" aus Hoffmanns weltberühmten Kinderbuch: Das Vorbild für sie hieß mit bürgerlichem Namen Pauline Schmidt und starb 1856 im Alter von 15 Jahren. Gerne aufgesucht werden auch die Grabstätten des Neurologen Alois Alzheimers, des Mäzens und Ideengebers Wilhelm Merton, des Stadtdenkers Ludwig Landmann und seines Vorgänger im Amt des Oberbürgermeisters, Ernst Adickes. Er kannte als Stadtoberhaupt in Frankfurt vor allem ein kommunalpolitisches Ziel: Frankfurt sollte Großstadt werden. Viele Besucher halten einen Moment lang inne bei Marianne von Willemer, Schauspielerin, Tänzerin, Dichterin und bekannt als Goethes große Liebe, machen Station am Grab der berühmten Volksschauspielerin Liesel Christ oder erinnern sich an die bekannte Psychoanalytikerin Margarete Mitscherlich.

Mancher Flaneur macht keinen gezielten Rundgang entlang der Stadtgeschichte, sondern genießt den Hauptfriedhof als einen der schönsten Parks der Stadt zum Spazierengehen. Denn der Hauptfriedhof ist ein herrlicher Ort der Stille. Angelegt von Stadtgärtner Sebastian Rinz im Stil eines englischen Landschaftsparks – wie sie Anfang des 19. Jahrhunderts *en vogue* waren. 70 Hektar misst der Hauptfriedhof heute und ist damit mehr als doppelt so groß wie der größte Frankfurter Park, der Grüneburgpark. Ein melancholischer Fluchtpunkt mitten in der Stadt und ein Rückzugsort für Singdrosseln, Zaunkönige und Eichhörnchen. Beim Flanieren unter herrlichen alten Bäumen stößt man plötzlich auf das Grab des Mundartdichters Friedrich Stoltze und legt an der Ruhestätte Theodor W. Adornos eine kurze Gedächtnisminute ein. Oder trifft auf das Ehrenmal: ein in schwarzen Steinen gehaltener Rundbau mit einem kreisförmigen Ausblick zum Firmament. Am Eingang steht in großen Lettern „Den Opfern":

Tote der beiden Weltkriege und der nationalsozialistischen Ge-
waltherrschaft. Direkt neben dem Ehrenmal finden sich Grabfel-
der der Gefallenen und Tafeln, die an ehemalige Zwangsarbeiter
im Frankfurter Gallus erinnern.

Zaghaft im Gedächtnis der Stadt geblieben ist auch Johanna
Kirchner. Die Sozialdemokratin engagierte sich für die Arbei-
terwohlfahrt, gehörte zum Widerstand gegen die Menschenver-
achtung der Nationalsozialisten: Johanna Kirchner wurde 1944
von den Nazis hingerichtet. Beerdigt ist sie unter einer schlichten
Bodentafel in Gewann I 242.

In Gewann XIII GG 48 erinnert eine schlichte Mauer an einen
viel zu früh Gestorbenen: Den Frankfurter Kabarettisten Matthias
Beltz, scharfsinnig-komischer Querdenker, der 2002 mit 57 Jahren starb. Einst hatte er getextet: „Wenn ich wüsste, dass es nach
dem Tod weitergeht, würde ich erst gar nicht sterben."

Palmengarten
Paradies der Pflanzen

Den Palmengarten gibt es nur, weil Preußen den Krieg damals gewonnen hat. Das klingt reichlich schräg und man könnte denken, die Geschichte sei doch etwas schlicht erzählt. Aber so ist es gewesen: Im Krieg von 1866 stand Nassau auf Seiten des Deutschen Bundes. Der Gewinner der Auseinandersetzung aber hieß Preußen. Nassau wurde annektiert und zu einem Teil Preußens. Das hatte weitreichende Folgen. Auch für den Herrscher, Herzog Adolf von Nassau. Er musste abdanken und bekam eine Abfindung, darunter vier Schlösser. Zu ihnen gehörte das am Ufer des Rheins gelegene Schloss Biebrich. Der Herzog brauchte offenbar Geld und bot den Bestand an tropischen Pflanzen der dortigen Orangerie zum Verkauf an. Wie beim Eisernen Steg wurden Frankfurts Bürger aktiv: Sie gründeten eine Aktiengesellschaft, um den nötigen Mammon aufzubringen. Die Stadt spendierte das Grundstück und der Anfang des Palmengartens war gemacht. Die vom Herzog verhökerten Pflanzen lieferten die florale Basis des Palmenhauses.

Mit dem Palmengarten, diesem 1871 eröffneten Bürgerpark, verbindet sich heute allerdings nicht der Name des Herzogs. Der Name, der bis heute mit dem größten Geschenk der Frankfurter an sich selbst gekoppelt ist, bleibt der des Gartenfachmanns Heinrich Siesmayer. Der Straßenzug an der südlichen Seite des Palmengartens ist nach ihm benannt und auch das ebenda eingerichtete Café: das *Siesmayer*.

Heinrich Siesmayer orientierte sich bei der Planung des Palmengartens an dem, was die Welt kurz zuvor in Paris zu sehen bekommen hatte: Für die Weltausstellung 1867 hatte man den *Parc des Buttes-Chaumont* angelegt. Im Nordosten der Stadt gelegen, galt er als Vorbild für einen bewegten Landschaftsgarten inklusive Hügeln, Wasserkaskaden, künstlichem See und Felsgrotte. Mit einer romantischen Grotte, steilen Anhöhen und einem Wasserfall, der zielsicher in den großen Weiher stürzt, wartet auch der

Der Palmengarten ist von der Siesmayerstraße 61 gut zu erreichen. Zwischen Februar und Oktober ist er zwischen 9 und 18 Uhr, in den Monaten Oktober, November, Dezember und Januar zwischen 9 und 16 Uhr geöffnet.

palmengarten.de

Palmengarten auf. Auf dem See kann man Bötchen mieten und ein Stündchen rumfahren.

Der Palmengarten ist die grüne Seele Frankfurts, Paradies der Pflanzen, ein Refugium für entnervte Jungeltern und mit seiner an Lummerland erinnernden Eisenbahnlinie – dem *Palmenexpress* – auch ein Lieblingsort für kleine und große Eisenbahnfans. Sein Palmenhaus ist ein Glaspalast und eines der ältesten erhaltenen Gewächshäuser der Welt, das Gesellschaftshaus ein prunkvoller Festsaal für exklusive Abi-Feten und Abschlussbälle und das dort ansässige Restaurant *Lafleur* gilt als eines der besten der Stadt.

Wie man sich klimatische Verhältnisse weit fernab von Frankfurt, etwa in den Subtropen, in Halbwüste, Nebelwüste und Savanne vorstellen kann, lässt sich in den Gewächshäusern testen – samt dazu gehöriger Pflanzenpracht. In den Sommermonaten ziehen es die Besucher vor, die Liegestühle auf den begrasten Flächen des Gartens zu nutzen. Die Frankfurter verstehen den Palmengarten ohnehin als ihren – zugegebenermaßen üppigen – Vorgarten oder ihr grünes Wohnzimmer, in dem Badelaken allerdings nichts zu suchen haben und in dem der Kinderkiosk am Abenteuerspielplatz für kleine Snacks der genau richtige Ort ist.

Nicht nur für Frankfurter mit Dauerkarte ist es eine Selbstverständlichkeit, ständig und manchmal auch nur für einen Sprung Zugang zum Palmengarten zu haben. Die Kamelienschau, das Rosen- und Lichterfest, Jazz im Palmengarten, der Winterzauber, das Papageno-Musiktheater und die Wasserspiele – der Palmengarten ist das ganze Jahr über Anlaufstelle: Wenn es ihn nicht schon gäbe, müsste er erfunden werden.

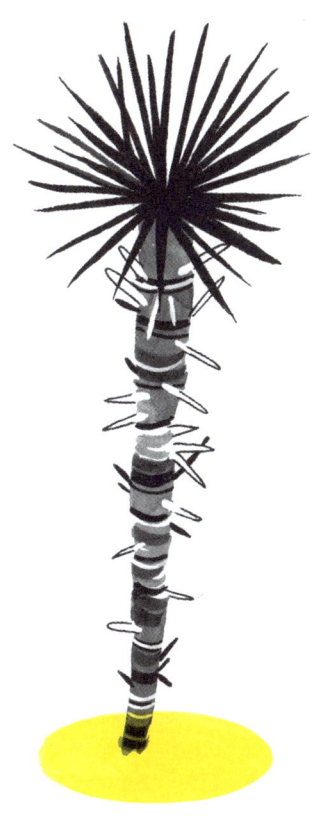

Grüngürtel
75 Kilometer Äcker, Parks, Streuobstwiesen

Der Grüngürtel umschließt die Stadt auf 75 Kilometern fast lückenlos und ist insgesamt 8000 Hektar groß. Nach früheren Befestigungen, dem ersten und zweiten Ring, ist es der dritte Mantel um Frankfurt und macht heute etwa ein Drittel des Stadtgebiets aus.

Thomas und Käthe sind ein ganz wunderbares Paar. Unkompliziert, ästhetisch ansprechend, robust, er dem Witze zugeneigt, sie gelegentlich etwas kapriziös. Thomas ist Heddernheimer, Käthe lebt auch dort, beide lieben Frankfurt. Das merkt man daran, dass sie sich gerne mal über die Stadt aufregen. Sogar über den Grüngürtel. Der wird so gut angenommen, dass es teilweise schon nervt. Und eng wird auf den Wegen rechts und links der Nidda. Da kann man beim frühmorgendlichen Spaziergang am Heddernheimer Ufer schon mal schlechte Laune kriegen. Denn Radfahrer und Jogger halten den Grüngürtel im Sommer für ihre ganz eigene Zone. Das kann Hundehaltern wie Thomas und seiner Hündin Käthe mächtig gegen den Strich gehen.

Dabei gehört der Grüngürtel eigentlich zum Besten, was man über Frankfurt sagen kann. Ein grüner Ring, der die Stadt auf 75 Kilometern fast lückenlos umschließt – mit Parks, Äckern, Streuobstwiesen, Auen und Wald. Wo gibts das schon? Eine Stadt mit Grüngürtel. Der ist insgesamt 8000 Hektar groß. Ein Drittel des Frankfurter Stadtgebiets.

Vielleicht ist der Grüngürtel am schönsten vom Fahrrad aus zu betrachten. Sehr zu Käthes Leidwesen. Am Besten aus Richtung Osten. Etwa von Harheim ganz weit oben im Norden aus, über Berkersheim, Bonames, Heddernheim, Eschersheim, Praunheim, Rödelheim und Sossenheim. Immer die Nidda entlang, bis sie bei Höchst in den Main mündet. Die Nidda ist, nach dem Main, der zweite Fluss der Stadt. Na ja, Fluss ist ein großes Wort, aber die Nidda ist eben kein Bach mehr. Gemessen am Main ist die Nidda längst nicht so breit. Und sie war über weite Strecken in einen Kanal gezwängt. Mittlerweile ist die Nidda an vielen Abschnitten wieder aus ihrem Korsett raus, renaturiert, nennt man das.

Angefangen hat man damit im Nordosten, auf der Höhe des Berkersheimer Bogens. Von dort aus ist man mit dem Rad alsbald in Bonames, keine zehn Minuten. Lässt sich schaffen, ohne zu rasen und ohne Käthe zu erschrecken. In Bonames erwartet einen das Grüngürteltier. Es ist aus Bronze und sitzt stolz auf der Niddabrücke am Alten Flugplatz. Geschaffen hat das Tier der Karikaturist und Schriftsteller Robert Gernhardt. Ihn hatte man gebeten, zum Jubiläum des Grüngürtels doch bitte eine lobende Rede zu halten. Doch Gernhardt sagte ab, wollte nicht reden, schenkte Frankfurt stattdessen das Grüngürteltier, das heute in manchem Kinderzimmer auch in der Stoff-Variante zu finden ist: ein echter Sympathieträger.

Bevor es mit dem Fahrrad weitergeht, ist eine kurze Pause im Tower-Café am Alten Flugplatz angesagt: Mit seiner entspannten Terrasse einer der Lieblingsorte vieler Frankfurter. Früher nutzten Piloten der US-Armee das Gelände, um fliegende Geräte in Bewegung zu setzen. Auf dem breiten Asphaltband, der früheren Hubschrauber-Landebahn, üben heute Rollschuh-Läufer und Skater, lassen Kleine und Große ihre Drachen steigen. An anderen Stellen wurde der Beton und Asphalt aufgebrochen. So lässt sich beobachten, wie die Natur das Terrain nach und nach zurück erobert: Schnell machte sich die kanadische Goldrute breit, tauchten wieder junge Pappeln auf, quakten Frösche, entstanden mehrere Tümpel und Teiche. Der Flugplatz gilt seit dieser Belebung als Projekt gelungener Renaturierung. Für viele als Herz des Grüngürtels.

Vorübergehend hat Frankfurt am Alten Flugplatz Container für Flüchtlinge aufgestellt – was nicht unumstritten war.

Der Frankfurter Grüngürtel ist eine Erfolgsgeschichte. Für Käthe und Thomas manchmal zu erfolgreich. Und natürlich bedeutet der Schutz des Grüns – beschlossen vom Stadtparlament – auch Schutz vor weiteren Expansionsplänen der Stadt. Jede Überlegung zum Bau neuer Wohnungen muss in diesem Zusammenhang erst einmal bestehen. So bedeutete der Schutz der Naturräume etwa das Ende für ein Baugebiet in Seckbach. Diese Geschichte steht gleichsam am Anfang des Grüngürtels: Es ging um den Erhalt des Erholungsraums für alle.

Doch Frankfurt mit seinen 736.000 Einwohnern wächst. Bis 2040 sollen es mehr als 800.000 Menschen sein. Wo sollen die Neuen wohnen? Für die Entwicklung neuer Baugebiete will Frankfurt mit den Nachbarkommunen ins Gespräch kommen. Bislang machten sich die Städte der Region häufig erbittert Konkurrenz, um dann schnell in Deckung zu gehen, wenn es um neue Baugebiete vor der eigenen Haustür geht. Inzwischen versichern sich die Gemeinden des wirtschaftsstarken Ballungsraums gegenseitig demonstrativ, über Stadtgrenzen hinaus kooperieren zu wollen.

Alle sprechen vom Klimawandel und den Kaltschneisen, die die Stadt und ihre Bewohner brauchen, um Ecken der Erwärmung zu verhindern und die Zufuhr frischer Luft zu sichern. Mittlerweile kann man sich Frankfurt ohne das Sossenheimer Unterfeld, das wilder werdende Wasser der Nidda und den Flugplatz in Bonames gar nicht mehr vorstellen. Ohne den Grüngürtel mit mehr als 60 Kilometer langen Radwegen. „Der Grüngürtel", heißt es in der gleichnamigen Charta, „ist zugleich Teil der Stadt, der Region und Übergang zwischen beiden". In diesem Sinne hat der Grüngürtel auch eine symbolische Dimension. Denn Frankfurt ist ohne Rhein-Main nicht vorstellbar. Dieses abstrakte Gebilde ist ein Ballungsraum, in dem 3,5 Millionen Menschen leben, arbeiten, pendeln. Die Unesco hat den Grüngürtel als „Vorbild für nachhaltige Entwicklung" ausgezeichnet.

Frankfurt ist ohnehin eine Stadt der Gürtel. Das erste Band, das die Stadt umgibt, nennt man Anlagenring. Bezeichnet ist damit der Bereich rund um die recht kleine City. Im 19. Jahrhundert wuchs die Stadt über dieses auch von Grün durchwobene Band hinaus, um neuen Bewohnern der Stadt vor allem im Nordend, Bornheim und im Ostend Wohnungen zu bieten. Diese Quartiere finden ihre Begrenzung im Alleenring, der die Stadt wie ein zweiter Ring umschließt. Erst die Eingemeindungen zu Beginn des 20. Jahrhunderts ließen die Stadt weiterwachsen und brachten Frankfurt mit dem Grüngürtel einen dritten Ring.

Thomas und Käthe sind darüber im Grunde hocherfreut. Selbst wenn ihnen manche Jogger und Radfahrer an frühen Morgenstunden zu nahekommen. Auf den Grüngürtel zu verzichten, können sie sich gar nicht mehr vorstellen.

Schwanheimer Düne
Fast wie am Meer

Am besten zu errei-
chen ist das Natur-
schutzgebiet mit dem
Fahrrad oder der
Fähre von Höchst aus
über den Main. Wan-
dern kann man auf
dem eingerichteten
Holzsteg, mit dem sich
das Gebiet erschließt.
Wer das Auto nimmt,
findet in Höchst am
Anlegepunkt der Fähre
unterhalb der Justinus-
kirche Parkplätze.

Plötzlich steht man in Frankfurt im Sand. Mehr noch: in der Düne.
Man denkt an Spiekeroog oder Juist. Inseln, die wie eine ganz
eigene Welt anmuten und Gelassenheit ausstrahlen. Dazu trägt die
Beschaffenheit des Bodens bei. Sand, diese Ansammlung eines
meist winzigen Gesteins, das die Schritte schwerer macht und
das Tempo der Bewegung enorm dämpft. Im Westen der Stadt
sieht man sich plötzlich mit Sand und einer ausgewachsenen Düne
konfrontiert. Frankfurt am Meer? Doch das nächste Meer ist weit
von der Schwanheimer Düne entfernt. Und diese ist deshalb eine
ziemliche Berühmtheit.

Die Schwanheimer Düne ist nämlich eine der extrem raren Bin-
nendünen, die es in Europa noch gibt. Und eine richtig alte Dame:
Entstanden irgendwann nach der letzten Eiszeit. Und genau genommen ist sie kein einzelnes Exemplar, sondern eine Sammel-
bezeichnung für 58,5 Hektar Schwanheimer Düne, manche sagen
auch Schwanheimer Dünen. Im Westen der Stadt, genauer gesagt
in dem 15.000 Einwohner zählenden Stadtteil Schwanheim.

Die Düne ist seit 1984 Naturschutzgebiet. Seit 2003 weist sie auch
die Fauna-Flora-Habitat-Richtlinie der Europäischen Union als
Schutzgebiet aus. Heute weiß man die Düne zu schätzen, hat sie in
den Grüngürtel der Stadt integriert und geht behutsam mit ihr um.
Das macht ein 403 Meter langer Bohlenweg deutlich, der in die
Düne führt und für Freunde des Naherholungsgebiets eine Attrak-
tion ist. Der hölzerne Weg wirkt wie ein Schutzschild, damit böse
Menschen der Düne nicht zu nahe rücken.

Die Schwanheimer haben schließlich mit bösen Überraschungen
ihre Erfahrungen gemacht. Keinem fiel früher zu Schwanheim
Düne ein. Wenn jemand auf Schwanheim zu sprechen kam, fiel
ihm nur „Gelber Regen" ein. Direkt gegenüber auf der anderen
Seite des Mains hatte es im Griesheimer Werk der *Hoechst AG*,
jahrzehntelang Sinnbild eines Chemie-Monstrums, 1993 einen
Störfall gegeben. Dort entwichen, vermutlich durch Fahrlässigkeit,

zehn Tonnen Chemikalien, darunter auch o-Nitroanisol, eine gelbe, klebrige Masse, die zumindest im Verdacht steht, krebserre-
gend zu sein. Vom „Gelben Regen" vor zwei Jahrzehnten dürfte
kein anderer Stadtteil Frankfurts so betroffen gewesen sein. Die
klebrige Masse gab dem unvorhersehbaren Regen den Namen und
sorgt bis heute dafür, dass Einheimische gleich wissen, wovon
die Rede ist.
Die Schwanheimer Düne hingegen erfreut sich heute größter Be-
liebtheit. Sogar in der Mittagspause kommen Werktätige aus dem
nahe gelegenen Industriepark, um Ungewöhnliches zu genießen.
Den sandigen Flecken ohne Meer, die so seltene Binnendüne.
Entstanden aus Sanden, die vor etlichen tausend Jahren aus dem
Flussbett des Mains rüber geweht worden sind. Heute bewachsen
von Kiefern und übersät von einer stacheligen Bedeckung: der
Silbergrasflur. Diese ist außerordentlich selten. Sie gilt als öko-
logisch besonders wertvoll. Und ist typisch für die Binnendüne.
Auch seltene Vögel, Kröten, Molche und Fledermäuse lieben es
hier: in der Schwanheimer Düne.
Die Düne erinnert an Juist. Schöne Tage auf der Insel. Ein biss-
chen wie Urlaub ist es hier schon. Ein eigenwilliges Szenario: Im
Westen der Stadt steht man in einer Düne und sieht, wie Flugzeuge des nahen Rhein-Main-Flughafens zur Landung ansetzen.

MEILENSTEINE

Goethe-Universität
Bewegtes Erbe

1914 als Stiftungs-
universität gegründet,
ging das Vermögen
im Ersten Weltkrieg
verloren. Im Jahr 2008
kehrte man unter
massiven Protesten
von Studierenden
zur Verfasstheit als
öffentlich-rechtliche
Stiftung zurück.

Heute ist die Hoch-
schule mit 16 Fach-
bereichen und 170
Studiengängen die
viertgrößte Universität
in der Bundesrepublik.

Ein lauter Knall setzte einen vorläufigen Schlusspunkt unter die Geschichte der Goethe-Universität. Zumindest am Standort Bockenheim. Das ist Anfang 2014 gewesen. Genau ein Jahrhundert nachdem Frankfurter Bürger die Hochschule gegründet hatten. Ein lauter Knall, genauer gesagt, zwei ausgewachsene Detonationen, und der 116 Meter hohe „Turm", Sinnbild der alten Universität, fiel in sich zusammen. Unter reger Anteilnahme der Bevölkerung, die die spektakuläre Sprengung vor Ort und in der TV-Übertragung des Hessischen Rundfunks gebannt verfolgte. Zuvor hatte es wochenlange Abgesänge auf den „Turm" gegeben, das gehasste und geliebte 70er Jahre Beton-Monstrum der alten Universität. Der Hauptsitz der Goethe-Uni war zwar schon 2001 auf den Campus Westend verlegt worden, doch die Sprengung der Superlative markierte eine Zäsur: Das höchste Gebäude, das in Europa bis dato gesprengt wurde, und das Ende des Campus Bockenheim. Der „Turm" in Sichtweite des berühmten Instituts für Sozialforschung sollte in den 70er Jahren ein Projekt der angestrebten Reformen in der Bildungspolitik sein. Damals hieß es geradezu euphorisch „Hessen vorn". Die Vermittlung von Wissen sollte unter der Maßgabe gelingen, dass die Lernorte für angehende Pädagogen und Sozialwissenschaftler „herrschaftsfrei" zu sein hätten. Das ist lange her. Auf dem Grundstück entstehen nun edle Wohnungen und ein Luxus-Hotel.

Der Abzug der Universität aus Bockenheim sollte eigentlich Platz für einen Kulturcampus schaffen: Ein Quartier, in dem angehende Tänzer, Musiker und Schauspieler der Hochschule für Musik und Darstellende Kunst, das Ensemble Modern und die Junge Philharmonie mit der Forsythe-Company und dem *LAB Frankfurt* zusammenfinden sollten. Eine schöne Idee und genau das Richtige für eine der Kultur verbundene Stadt wie Frankfurt am Main. Doch trotz vieler Versprechen ist vom Kulturcampus inzwischen wenig die Rede. Die Universität ist weitergezogen. Als sich die einmalige Möglichkeit ergab, ins benachbarte Westend überzusiedeln. Das ist nicht einfach die Option eines Umzugs gewesen, so wie sich im Leben eine neue, größere, vielleicht schönere Wohnung anbietet. Es sollte ein Umzug von historischer Dimension werden: Die Goethe-Uni zog in das von Travertin-Platten umhüllte Gebäude, das Frankfurt bislang nur als *IG Farben*-Haus kannte und das die US-Armee nach dem Ende des Zweiten Weltkriegs als Headquarter bezogen hatte. Ein beeindruckender, weitläufiger Bau von Hans Poelzig, mit seinen parkartigen Anlagen heute vielleicht der schönste Campus Deutschlands – und ein schwieriges Erbe. Schließlich hatten die Manager in dem 1931 fertiggestellten Verwaltungsgebäude der *IG Farbenindustri*e auch über die Produktion von *Zyklon B* entschieden, in Auschwitz zum Massenmord eingesetzt. Die *IG Farben*, der Zusammenschluss chemischer Unternehmen mit Hauptsitz in Frankfurt, war Ende der 20er Jahre der drittgrößte Konzern der Welt, ein Monopolist. Von der Zentrale aus machte sich das Unternehmen Hitlers Vernichtungspolitik zunutze – mit der Herstellung von *Zyklon B* sowie von künstlichem Kautschuk für die Kriegswirtschaft und dem massenweisen Einsatz von Zwangsarbeitern in Auschwitz.

Einer von ihnen ist Norbert Wollheim gewesen. Ein Schwarz-Weiß-Bild nahe des heutigen Eingangs der Goethe-Uni zeigt ihn als jungen Mann. Es ist ein Foto, gemacht auf einer Fähre. Wollheim hatte die Flucht Tausender jüdischer Kinder nach England organisiert. Mitten auf das Bild gedruckt ist in rot-gelblicher Farbe die Zahlenfolge 107984. Die Nummer, die Wollheim auf der Innenseite seines Unterarms eintätowiert worden war. Die Nummer, die Norbert Wollheim als Häftling des Konzentrationslagers Buna/Monowitz auswies. So hieß das firmeneigene KZ der *IG-Farben*, in dem Gefangene untergebracht wurden, die auf dem Werksgelände der *IG Auschwitz* Zwangsarbeit leisten mussten. Das Foto von Norbert Wollheim und Portraits anderer junger Menschen und ehemaliger Häftlinge weisen den Weg zum Norbert Wollheim-Memorial. Untergebracht in einem kleinen Pavillon am Rande des Campus. Zu erkennen an der Zahlenfolge 107984, der Häftlingsnummer Wollheims, die an der Fassade angebracht ist. Im Innern des Pavillons erzählen Überlebende des Konzentrationslagers Buna/Monowitz von ihrer Kindheit, der Deportation, der Lagerhaft und von ihrem Leben nach dem Holocaust. Mit 24 Videointerviews erinnert das Memorial an die Opfer der Verbrechen.

Und an Norbert Wollheim, einen heute fast Vergessenen. Dabei hat der Auschwitz-Überlebende mit seinem Musterprozess gegen die *IG Farben* 1951 spätere Zahlungen an Zwangsarbeiter den Weg bereitet. Die von Opfern angestrengten Sammelklagen bei US-Gerichten führten in den 90er Jahren schließlich dazu, dass die Unternehmen einen Fonds auflegten, aus dem die früheren NS-Zwangsarbeiter Geld erhielten.

Hat man das Norbert-Wollheim-Memorial passiert, ist man schon mitten auf dem Campus der Universität. Die Hochschule legt großen Wert darauf, Stiftungs-Universität zu sein. Wie bereits früher einmal.

Über nach oben führende Treppen kommt man gleich hinter dem imposanten Hauptgebäude zum Casino, in dem früher der Vorstand des mächtigen Konzerns Gäste empfing. Heute findet sich in dem Gebäude die Mensa der Goethe-Uni.

Seit dem Umzug auf den neuen Campus ist die Hochschule noch einmal kräftig gewachsen und gehört heute zu den größten Universitäten des Landes. Während die Mediziner an der Uni-Klinik im Süden der Stadt und die Naturwissenschaftler auf dem Riedberg unterrichtet werden, sind die Geisteswissenschaftler, Ökonomen und Juristen auf dem *Campus Westend* zuhause.

Zu den besonderen Forschungsbereichen gehört das Exzellenzcluster *Die Herausbildung normativer Ordnungen*. Auf diesem

Feld arbeiten Wissenschaftler fächerübergreifend. Man nennt es „interdisziplinäre Zusammenarbeit" und vergisst nicht, den Sozial- philosophen Max Horkheimer als Ideengeber für eine solche Zu- sammenarbeit zu erwähnen. Gemeinsam mit seinem Kollegen Theodor W. Adorno lenkte Horkheimer in den Nachkriegsjahren das berühmte Institut für Sozialforschung, das nach wie vor sei- nen Sitz am alten Standort der „Goethe" hat. Studenten halten die beiden Denker als Hauptvertreter der *Kritischen Theorie* in Erinnerung, nicht zuletzt um die Freiheit der Wissenschaft zu würdigen.

Nach Adorno und Horkheimer, den vermutlich berühmtesten Pro- fessoren der Goethe-Universität, wurden zum hundertsten Ge- burtstag der Hochschule 2014 der zentrale Platz in der Mitte des Campus und eine Straße im Norden des Geländes benannt. Zum selben Zeitpunkt änderte die Universität auch ihre Adresse. Der Grüneburgplatz – am zentralen Aufgang zur Hochschule – wurde in Norbert-Wollheim-Platz umbenannt. Eine späte Verbeugung vor einem mutigen Mann.

Neues Frankfurt
Wohnen bei Ernst May

Ernst-May-Haus
Im Burgfeld 136
60439 Frankfurt

Tel. 069 15 34 38 83
dienstags bis donners-
tags 11 bis 16 Uhr
samstags und sonn-
tags 12 bis 17 Uhr

Alle wollen in die Stadt. Denn das Leben spielt sich in den Städ-ten ab. Das ist eigentlich nichts Neues, vielmehr bereits vor hun-dert Jahren so gewesen. Auch damals zog es viele Menschen dort-hin, wo sie ihren Broterwerb fanden. Also mussten die Städte etwas tun, um die Not vieler Menschen zu lindern. Sagt sich so leicht. Doch so etwas braucht eine gute Idee und den Mumm, etwas zu wagen. Das hat Ernst May in den 20er Jahren gemacht. Und der Oberbürgermeister Ludwig Landmann hat ihm gesagt: Probier das aus. May wollte klotzen, Landmann schien angetan. Mays Gedankenwelt, in Frankfurt bis dahin bekannt durch sein Wirken für den Wohnungsbau in Breslau, bewegt sich zwischen „Gartenstadt", „Trabantenstadt" und „Stadterweiterung", also um zentrale Fragen: Wie kann sich eine Stadt als Standort in der Kon-kurrenz anderer Standorte behaupten? Wie sorgt ein für Innova-tionen aufgeschlossenes Gemeinwesen dafür, eigene Siedlungs-flächen für den Wohnungsbau zu nutzen und Flächen für Industrie und Gewerbe zu erweitern?

Frankfurt holte Ernst May als Stadtbaumeister. Und der trom-melte ein ganzes Team zusammen: junge Architekten, Techniker, Künstler und Designer. Es ging um nichts Geringeres als darum, ein „Neues Frankfurt" zu schaffen. Davon träumen Stadtplaner und Architekten bis heute: Spielräume zu haben, um nicht länger Ideenlosigkeit, als „Sachzwänge" charakterisiert, zu verwalten. Man muss May deswegen nicht zum Helden machen. Aber May hat sich doch was getraut. In einer nicht einfachen Zeit. Schließ-lich gab es nicht nur eine akute Wohnungsnot, auch die hygie-nischen Zustände in der Großstadt Frankfurt waren schwierig: In weiten Teilen der heute so romantisierten Altstadt beispiels-weise gab es keine Kanalisation oder fließendes Wasser, viele Wohnungen waren dunkel. Dagegen wollte Ernst May mit seinem Team angehen, neue Standards setzen: So entstanden von 1925 an 12.000 bezahlbare Wohnungen in Frankfurt, funktional und modern: Zwischen Sachsenhausen, Niederrad, dem Gallus, Ginnheim, Westhausen, Praunheim und dem Bornheimer Hang. Vielleicht eine der schönsten Siedlungen liegt im Norden der Stadt: die Römerstadt – auf dem Areal der alten Römersiedlung Nida. Im Grunde ist diese May-Siedlung eine große Terrasse. Gut gelegen am Ufer des Flusses Nidda. Von Norden aus ziehen sich Reihenhäuser und Wohnungsbauten bis hin zu den Kleingärten, dem letzten Riegel zum Ufer des Flusses hin. Durch diese Siedlung führen überaus markant wirkende, leicht geschwungene Straßen, die sich am Lauf der Nidda orientieren. Von der Siedlung aus guckt man auf die Nidda und erblickt in der Ferne die Silhouette der Hochhäuser.

Die Siedlung trägt den Namen Römerstadt, weil es in der Nähe archäologische Spuren gibt. Ganz altes Zeug. Das unter Ernst May geschaffene Quartier konnte sich allerdings des Fortschritts rühmen: Die Römerstadt war die erste vollständig elektrifizierte Siedlung Deutschlands. Mitte der 20er Jahre bekamen die Menschen mit der Aussicht auf ein Dach über dem Kopf auch die Aussicht auf ein bequemeres Leben.

In der Römerstadt finden sich Wohnungen, Ein- und auch Zweifamilienhäuser, mit getrenntem Eingang für jede Wohnung. Sowohl den Einfamilienhäusern als auch den Stockwerkbauten wurden Gärten direkt am Haus zugeordnet, kleine Gärten für etwas Obst und Gemüse, gerade für das Nötigste. Die Familien, die in Mehrgeschoss-Reihenhäusern an den breiteren Straßen wohnten, konnten einen Garten ganz in der Nähe pachten.

In der Römerstadt, Im Burgfeld 136, lässt sich ein unter der Leitung Mays in den 20er Jahren entworfenes Haus heute als eindrucksvolles Museumsstück bestaunen. Es ist unter der Ägide der Ernst-May-Gesellschaft denkmalgerecht saniert und soll einen Eindruck davon vermitteln, was das Programm des *Neuen Frankfurt* eigentlich sein sollte: 90 Quadratmeter Wohnfläche, hell und lichtdurchflutet. Ein besonderer Anziehungsunkt in dem 1928 entstandenen Haus: die berühmte *Frankfurter Küche* der Architektin Margarete Schütte-Lihotzky. Mit einer „damals hochmodernen und funktionalen Ausstattung", die originalgetreu rekonstruiert ist. Margarethe Schütte-Lihotzky gilt als Erfinderin der heute weit verbreiteten Einbauküche, einer vom Rest des Hauses „abgeschlossenen Arbeitsküche". Kompakt, praktisch, mit schlichtem, aber schönem Design. Es ging darum, die Arbeitsabläufe in der Küche mit möglichst kurzen Wegen und schnellen Handgriffen zu optimieren. Die Küche in der Römerstadt – und nicht nur da – stand für neues Kochen auf knappem Platz.

Ernst May konzipierte das Haus als ein in jeder Beziehung komfortables, voll unterkellertes Wohnhaus mit fünf Zimmern und einem Garten für die damalige Kleinfamilie. Die Familienräume befinden sich im Erdgeschoss, bestehend aus einem Esszimmer neben der nur acht Quadratmeter großen Küche und einem kleineren Wohnraum. Im Obergeschoss befinden sich ein Elternschlafzimmer mit direkter Verbindung zum Bad mit Tageslicht, ein angrenzendes Kinderzimmer, und eine Schlafkammer. Terrasse und Garten erreicht man sowohl vom Esszimmer als auch vom Keller aus. Alles in allem unterscheiden sich die Häuser der May-Siedlungen in Lage, Größe und Ausstattung erheblich von den unzulänglich ausgestatteten und beengten Mietshäusern, wie sie damals in der Frankfurter Innenstadt üblich waren.

Ernst May musste für seinen großen Wurf Kosten sparen. Er setzte auf die Typisierung von Bauelementen. So ließ er fertige Teile für Hauselemente und innere Wänden nicht mauern, sondern aus Stahlbeton gießen und fertig an den verschiedenen Baustellen anliefern. Die Architekten Margarete Schütte-Lihotzky und Ferdinand Kramer gewann er als Designer standardisierter Elemente für die Küchen, für Möbel und für den Hausrat.

Ob am Bornheimer Hang, in der Hellerhof-Siedlung im Gallus, in Westhausen oder in der Römerstadt – das *Neue Frankfurt* lieferte den Beweis dafür, dass aufstrebende Städte gute Ideen brauchen. Aus diesem Ertrag ließen sich für die Gegenwart bestimmt Rückschlüsse ziehen, um modernen Wohnungsbau schaffen zu können. Dazu gehört auch, dass Bauen sich nicht immer am Protz orientiert, sondern etwa an Vorbildern wie dem Wohnungsbau von Ernst May in Niederrad entlang der Bruchfeldstraße: „Zickzackhausen" hält heute dem Urteil „gelungen" allemal Stand, „schön", weil es pfiffig und ästhetisch anspruchsvoll ist, und „günstig", da man mit der Finanzierung über die Grundzinssteuer auch den Nutzen für die städtische Gemeinschaft insgesamt nicht aus den Augen verlieren wollte.

Auch heute bräuchte Frankfurt in Sachen Wohnen gute Ideen. Gute Ideen und den Mumm, etwas auszuprobieren.

Frankfurter Kreuz
Umsteigen bitte

Immer geradeaus. Ganz einfach. Könnte man meinen. Will man eine Autobahn verlassen, fährt man zunächst weiter geradeaus, ordnet sich ganz allmählich auf der rechten Spur ein, nimmt dann den nächsten Abzweig, reduziert gelassen das Tempo seines Wagens und folgt dem auf dem Schild angezeigten Abzweig nach rechts. Ganz einfach. Könnte man denken. Ist es aber gar nicht. Oder war es nicht immer. Wenn man den Berichten aus den Anfängen des Frankfurter Kreuzes folgt. In dieser Zeit nach dem Krieg ist das Abbiegen ausgesprochen unfallträchtig gewesen. 1956 eröffnete das Frankfurter Kreuz, mit dem es ein Zeichen des Fortschreitens nach dem ganzen Stillstand geben sollte, und es kam ganz anders.

Es gab zahlreiche Unfälle. Denn viele Verkehrsteilnehmer wollten sich nicht an das Rechtsabbiegen gewöhnen. Sie zogen es vor, in der Mitte der Fahrbahn kurzerhand links rum zu wenden. Am Ende machte es gewaltig Rumms.

Offensichtlich war den Autofahrern nicht klar, dass sie nach rechts rausfahren sollten, wenn sie doch eigentlich nach links wollten. Nachdem sie die Ausfahrt verpasst hatten, fuhren einige kurzerhand rückwärts oder sie wendeten einfach auf der Autobahn. Sie waren das Nutzen gradlinig verlaufender Autobahnen schlicht nicht gewohnt. Außerdem waren die Ein- und Ausfädelstreifen wohl zu kurz und die Autos bretterten zu schnell übers Frankfurter Kreuz.

Aller Anfang ist schwer. Sagt man. Soll bloß keiner etwas anderes behaupten, wenn er über das Frankfurter Kreuz spricht. Heute ist es ein Sinnbild für komplexe Zusammenhänge moderner Mobilität. Mit täglich 335.000 Fahrzeugen ist das Kreuz einer der meistbefahrenen Knotenpunkte Europas. Und zusammen mit den parallel verlaufenden Zugtrassen und dem nahen Flughafen vermutlich der wichtigste Umsteigepunkt im Zentrum des Kontinents.

Der Anspruch an Innovation ist heute nicht anders als gestern. Es geht immer wieder darum, den Alltag schneller zu machen, was nichts anderes heißt als: Menschen schneller von A nach B zu bringen.

Nach dem Krieg war das Frankfurter Kreuz ein Versprechen: es sollte im Alltag zügig vorangehen und gleichzeitig bequemer werden. Arbeitsplätze mussten her. Sie sollten gut zu erreichen sein. Deswegen legte man ein Netz an, das mit viel Phantasie an ein Kleeblatt erinnert.

Seit seinem Entstehen gilt es als Modell – für den Bau von Autobahnen. Und der Name hat Schriftsteller und Filmemacher angeregt. Etwa den früh verstorbenen Jörg Fauser zu seinem gleichlautenden Hörspiel, 1998 von Romuald Karmakar verfilmt: *Das Frankfurter Kreuz.*

Hauptwache
Erster Eindruck

Sie ist ein hübsches barockes Gebäude mit Café, zentraler Umsteigepunkt der S- und U-Bahnen und Synonym für die Frankfurter City: die Hauptwache. Der dahinterliegende Platz jedoch ist seit langem ein städtebauliches Sorgenkind: Schmuddelig, unübersichtlich, unmodern finden die meisten Frankfurter den Abgang in die B-Ebene. So stellt man sich heute Lieblosigkeiten im Umgang mit der Stadt vor und findet: Typisch 70er Jahre.

Immerhin ist die Hauptwache seit 2008 für den Autoverkehr gesperrt. Das sollte ein Anfang sein. Bis dahin schoben sich die Mobile vom Theaterplatz kommend über die Hauptwache bis zur Eschersheimer Landstraße. An der Katharinenkirche stehen heute Poller, die Autofahrer in ihre Grenzen weisen. Eine durchgehende Fußgängerzone von der Zeil bis zur Fressgass war die Folge.

An der Hauptwache gibt es heute ein schmuckes Kaffeehaus, das Café Hauptwache. Einst war das Gebäude Sitz der Stadtwehr, also eine Art Polizeistation und ein Gefängnis. Der legendäre Räuberhauptmann Schinderhannes hat hier mal eingesessen. In der düsteren Epoche, als tatsächliche oder vermeintliche Delinquenten öffentlich bestraft wurden, stand am Platz an der Hauptwache ein Galgen, ein Pranger und ein Trillerhäuschen. Diesen hölzernen Käfig durften die Passanten solange drehen, bis den darin Eingesperrten übel wurde.

Am 14. Januar 1772 wurde neben der Hauptwache die 25jährige Kindsmörderin Susanna Margaretha Brandt auf dem Schafott hingerichtet. Der drei Jahre jüngere Johann Wolfgang Goethe war von der traurigen Geschichte um die von einem Goldschmiedegesellen verführte Magd berührt. So berührt, dass ihn die Tragödie von Susanna Margaretha Brandt zu seinem Gretchen im Faust anregte.

1833 beim Frankfurter Wachensturm wurde die Hauptwache von jungen Burschenschaftlern gestürmt: Sie wollten von Frankfurt aus eine Revolte, vielleicht gar eine Revolution, entfachen.

Eine Reaktion auf die Repressionen der Obrigkeit im Zusammenhang mit dem Hambacher Fest. Von Frankfurt aus sollte eine neue Epoche der Geschichte eingeläutet werden. Wurde aber nichts. Zumindest nicht 1833, der Sturm auf die Hauptwache scheiterte jämmerlich: Der Plan wurde verraten, die Bürger unterstützen die Aktion nicht.
Die Hauptwache, eine Zeugin Frankfurter Geschichte und Geschichten. Da hätte sie tatsächlich eine nettere Entourage verdient.

Verlagsstadt
Ort der Buchkultur

Frankfurt liest ein Buch. Zum Beispiel *Kaiserhofstraße 12* von Valentin Senger. Das ist ein großer Glücksfall gewesen. Denn die autobiografische Erzählung kannten bis zum Lesefest *Frankfurt liest ein Buch* 2010 nur wenige. Jetzt aber setzten sich Alte und Junge an die Schilderung des jüdischen Autoren, der die Verfolgung der Nationalsozialisten gemeinsam mit seiner Familie mitten in Frankfurts City überlebt hatte: in der Kaiserhofstraße 12, nahe der Fressgasse. Der Schöffling Verlag hatte das längst vergriffene Buch Sengers neu aufgelegt und damit den Rahmen für die Mitmach-Aktion für Leser geschaffen. Die ist seitdem aus keinem Kalender eines lesenden Stadtbewohners mehr zu streichen und wird jedes Jahr im Frühjahr gefeiert. *Frankfurt liest ein Buch* ist auch ein Glücksfall für die ganze Stadt. Über zwei Wochen hinweg reden Leser über nicht viel anderes.

Frankfurt liest ein Buch bietet Chancen. Auch kleinere Verlage wie Schöffling selbst mischen ganz vorne mit und rücken so zwei Wochen lange in den Fokus der Stadt. Für Frankfurt, das sich nach wie vor gern Verlagsstadt nennt, ist das heute alles andere als eine Selbstverständlichkeit. Zwar führt die Statistik des *Börsenvereins des Buchhandels* Frankfurt auf Platz sechs ihrer Rangliste der Verlagsstandorte. Aber Berlin, München, Stuttgart, Hamburg und selbst Köln wirken weit entrückt.

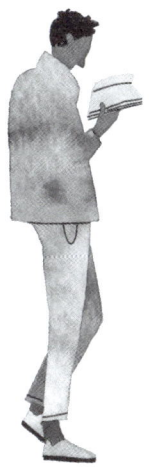

Das setzt den Frankfurtern zu. Mit der weltgrößten Buchmesse hielten sie sich lange Zeit für den Nabel der literarischen Welt – bis der Suhrkamp-Verlag ging. Nach Berlin. Ausgerechnet.

Dabei war doch Frankfurt Suhrkamp. Früher mal. Das konnte man bis 2009 sagen. Suhrkamp, eine intellektuelle Säule der Nachkriegs-Republik. Ein Verlag, in dem bedeutende Schriftsteller wie Hermann Hesse und Bertolt Brecht sowie Philosophen wie Theodor W. Adorno und Hans Blumenberg publizierten. Seine Ursprünge reichen in engen Verbindungen zum S. Fischer Verlag zurück, den die Nationalsozialisten in den 30er Jahren „arisiert"

133

hatten. Peter Suhrkamp verwaltete das Verbliebene. Nach dem Krieg trennte er sich, auf Drängen Hermann Hesses, vom S. Fischer Verlag, gründete 1950 in Frankfurt seinen eigenen Verlag und nahm 33 prominente Autoren mit. Nach seinem Tod 1959 trat Siegfried Unseld die Nachfolge an.

Der Name Unseld verbindet sich mit der Stadt, die ihn zu ihrem Ehrenbürger machte. Die Suhrkamp-Kultur mit der berühmten Edition Suhrkamp in den 48 Farben des Sonnenspektrums hat die Geistesgeschichte der Bundesrepublik geprägt. Und: Suhrkamp ist Unseld gewesen. Nach seiner Kriegsgefangenschaft machte er eine Lehre als Buchhändler, kam zu Suhrkamp, wurde Gesellschafter und legte nach dem Tod von Peter Suhrkamp sein erstes Programm auf. Mit einem Roman, der sich auf wunderbare Weise der deutsch-deutschen Wirklichkeit annimmt: *Mutmaßungen über Jakob* von Uwe Johnson. Der Schriftsteller beginnt sein Werk mit einem Satz, der berühmt geworden ist: „Aber Jakob ist immer quer über die Gleise gegangen."

Johnson widmete seinem Verleger Siegfried Unseld die Publikation seiner 1979 in Frankfurt am Main gehaltenen Poetik-Vorlesungen. Texte über den Osten, den Westen, die Perspektiven der Republik nach dem Zivilisationsbruch. Die Republik sollte Bestand haben, sich nach dem Ende des Krieges demokratisch entwickeln können. Damit ist im Grunde das Programm beider großen Verlagshäuser Frankfurts für die Jahrzehnte bis weit ins 21. Jahrhundert hinein beschrieben: Ohne die Publikationen aus dem Suhrkamp Verlag und dem S. Fischer Verlag lassen sich die Diskussionen und Gedanken der Nachkriegszeit schlecht fassen.

Bei S. Fischer steht dafür das Programm der *Schwarzen Reihe*, begründet von dem Historiker Walter Pehle. Ihm gelang es, zentrale Veröffentlichungen zur systematischen Politik der Vernichtung, zu den Ursachen des NS-Terrors wie zur Antisemitismusforschung zu bündeln und Autoren wie Raul Hilberg, Wolfgang

Benz und Harald Welzer an den Verlag zu binden. Eine Buchreihe, die das kontinuierliche Programm des Aufklärens über die NS-Vergangenheit dokumentiert. Pehle sah sich bis zu seiner Pensionierung über mehr als drei Jahrzehnte dafür in der Pflicht.

Die Arbeiten im Namen der Aufklärung, die die Mitstreiter der *Frankfurter Schule* vorlegten, sind für die Nachwelt vor allem dank des Suhrkamp Verlags erhalten geblieben. Adorno und Horkheimer – Peter Suhrkamps und Siegfried Unselds Weitsicht sicherte ihre Werke. Später wirkte Unseld auch als Verleger des nachfolgenden Philosophen Jürgen Habermas und des Konkurrenten Adornos, Hans Blumenberg, der die Zweideutigkeit des Himmels in seinen Untersuchungen zur *Genesis der kopernikanischen Welt* hervorgehoben hat. So mache der Himmel die Menschen klein, diese fühlten sich unwichtig ob seiner Größe; durch seine Leere aber bringe der Himmel die Menschen gleichzeitig dazu, sich selbst wichtig zu nehmen.

Liebieghaus
Barbaras starke Mimik

Das Mittelalter beginnt im Erdgeschoss. Die Heilige Barbara von dem Ulmer Bildschnitzer Michel Erhart aus dem 15. Jahrhundert hat dort im Liebieghaus ihren Platz. Einen ganz besonderen Platz. Denn die Heilige Barbara steht in einer Vitrine. Wohlbehütet, ein ganz besonderer Schatz.

liebieghaus.de

Ohne besonderen Schutz hängen direkt gegenüber zwei Propheten-büsten aus Lindenholz, deren Namen unbekannt bleiben. Sie stammen ebenfalls aus der Werkstatt von Michel Erhart, über den man wohl sagen darf, ihm sei vor allem die links hängende Büste durch starke Mimik außerordentlich gelungen. Erhart gab diesem Propheten den Ausdruck heftigen Schmollens: seine Un-terlippe ist gar nicht zu sehen, seine Mimik wird allein von seiner markanten Oberlippe dominiert. Dagegen wirkt Barbaras Figur in unmittelbarer Nachbarschaft fast ein bisschen schüchtern. Dabei macht sie mit ihren langen güldenen Locken, der feinen Nase und dem vornehm blassen Teint wirklich was daher.

2011 erwarb das Liebieghaus die Büste aus Bamberg, glücklich über den sensationellen Zustand der um 1490 entstandenen alten Dame.

Gleich am Eingang des Liebieghauses geht es ins Mittelalter, wenn man im originären Teil des Hauses bleibt, das der Münch-ner Architekt Leonhard Romeis zwischen 1892 und 1896 für den Textilfabrikanten Heinrich Baron von Liebieg errichtet hat. Er schuf eine Villa. Was heißt hier Villa – ein Dornröschen-Schloss mit einem herrlich verwunschenen Garten. Schlösschen samt Gar-ten vermachte der Baron 1904 der Stadt – mit der Auflage, den prächtigen Bau als Museum zu erhalten. Das ist er glücklicher-weise bis heute und ein wunderbarer Ort für kleine Fluchten – nicht nur für Liebespaare. Ein Beweis, dass Frankfurt durchaus romantische Ecken zu bieten hat. Das dazugehörende Café samt Terrasse ist eine echte Institution und ein Lieblingsort vieler Frankfurter, an dem man auch vortrefflichen selbstgemachten

Kuchen bekommt. Mit seiner prächtigen Skulpturensammlung –
vom alten Ägypten bis zum Klassizismus – ist das Liebieghaus
eines der bedeutenden Museen der Bildhauerkunst. Und sorgt mit
spektakulären Ausstellungen wie den *Bunten Göttern* für einen
neuen Blick auf die Antike, die wir gemeinhin mit weißen Skulp-
turen verbinden. Außerdem erlaubt das Museum immer wieder
zeitgenössischen Künstlern – wie William Kentridge oder Jeff
Koons – in Dialog mit der Sammlung zu treten.

Das Liebieghaus ist Teil des Museumsufers. Eine Promenade, auf
die Frankfurt mächtig stolz ist. Auf der südlichen Seite des Flusses nimmt sie ihren Ausgangspunkt mit Richard Meiers minima-
listischem weißen Bauwerk für das *Museum Angewandte Kunst*,
schließt über den Park gleich an das Museum der Weltkulturen
an, macht über die Schweizer Straße einen kleinen Sprung zum
Filmmuseum sowie dem benachbarten Architekturmuseum und
führt über die großartige Gemäldesammlung des Städel bis zum
Liebieghaus – mit dem eines der schönsten Gebäude der Stadt
erreicht ist. Das Liebieghaus ist Vorbild für viele der großbürgerlichen Villen im umliegenden Sachsenhäuser Malerviertel.

Auf einem in Sandstein gehaltenen Podest im Garten des Liebieghauses zeigen sich Athena und Marsyas als eindrucksvolle Bronze-
figuren. Die Gestalt des Satyrs Marsyas ist nackt, die Figur der
Göttin Athena in ein elegantes Gewand gehüllt. Beide standen im
Original einst auf der Akropolis, dem Ort des Ursprungs. Nicht
überliefert ist, ob manche frisch Vermählten aus diesem Grund
gleich nach dem Standesamt oder der Trauung den Garten des
Liebighauses aufsuchen. Um sich dort vor diesem Hintergrund
abbilden zu lassen.

Deutsche Nationalbibliothek
Ort ausgesuchter Stille

Marthaler muss auf Dienstreise. Der Kommissar reist nach Marseillan. Dort will er einen pensionierten Kollegen treffen. Von ihm verspricht sich Marthaler Informationen über den Mord an einem Frankfurter Kind, der bis heute nicht aufgeklärt ist. Ein brutaler Mord. Daran erinnern sich viele Zuhörer. Ganz schauderhaft. Mehr wird nicht verraten. Zumindest nicht an diesem Abend, an dem der Frankfurter Autor Jan Seghers alias Matthias Altenburg seinen jüngsten Krimi präsentiert. *Menschenfischer* hat er ihn genannt. Wie all seine Krimis stellt er dieses Buch im großen Saal der Deutschen Nationalbibliothek der Fangemeinde vor. Ein gut gewählter Ort mitten in der Stadt. Direkt an der Adickesallee, die Autofahrer an diesem wie an jedem Abend schnell hinter sich lassen wollen, weil dort immer viel Betrieb ist. *Stop and go* auf den fünf Spuren zwischen Bibliothek und der Tankstelle gegenüber. Vom Saal lässt sich das in der Abenddämmerung durch die großen Fensterfronten prima beobachten.

Die Deutsche Bibliothek ist etwas ganz Besonderes. Man kann nichts mit nach Hause nehmen, aber jedes Buch muss da sein. Es gibt kein deutschsprachiges Buch, das in dieser Bibliothek nicht zu bestellen ist. Kaum zu glauben. Die Bücherei sammelt Kulturgüter. Deutschsprachige Medienwerke. Spielt keine Rolle, ob es gute Bücher sind oder schlechte. Entscheidend ist, dass es eine Veröffentlichung in deutscher Sprache ist.

Eigentlich heißt die Bücherei Deutsche Nationalbibliothek. Seit der Wiedervereinigung gibt es sie an zwei Standorten: In Leipzig, die frühere Deutsche Bücherei, heute auch das Deutsche Musikarchiv, und in Frankfurt am Main, die frühere Deutsche Bibliothek, das Exil-Archiv gehört dazu.

Bei der Deutschen Nationalbibliothek muss man bestellen, was man lesen, nachschlagen oder als Belegquelle für wissenschaftliche Arbeiten nutzen will. Das macht die Bibliothek für Studenten und sonstige Kopfarbeiter so interessant. Die Bücher zur Lektüre

Adickesallee 1
Lesesäle, Medienausleihe geöffnet montags bis freitags 9–22 Uhr samstags 10–18 Uhr

kriegt man, wenn man angemeldet ist: für einen Tag, einen Monat, ein Jahr. Je länger man angemeldet ist, desto günstiger fallen die Gebühren aus. Der alte Trick. Holt man sich die tags zuvor bestellten Bücher am nächsten Morgen an der Ausgabe ab, ist man eigentlich schon mittendrin im Lesesaal. Mit dem Stapel Bücher unterm Arm, sucht man sich ein Plätzchen, um die Lektüre anzugehen.

Das will strategisch gut überlegt sein. Denn der Stapel kann einen durchaus lange beanspruchen. Bis zum nächsten Kaffee, bis zur Pause, den Rahmen setzt der Leser selbst.

Steht man am Anfang des eigenen Arbeitens, will sich also zunächst einen Überblick verschaffen, was es alles zum Thema gibt, empfiehlt sich ein Platz unweit des Entrées. Dann ist man nahe an den Bildschirmen, um gleich neue Pfade zu entfalten und Nachschub zu bestellen. Wenn es ein deutschsprachiges Druckwerk ist, lässt man sich die Möglichkeit nicht entgehen. Selbst wenn es Ränder des Themas sind – in der Deutschen Bibliothek lassen sich mithilfe gedruckter und elektronisch publizierter Medien die tieferen Schichten erschließen.

Liegt der Anfang längst hinter einem, ist man freier in der Platzwahl. Sucht man sich den Platz, den man will. Einen mit Aussicht, etwa. Dann siedelt man sich an der gläsernen Fassade an der Rückseite des Gebäudes an. Oder sucht die Nähe zu den Lexika und bleibt näher an den Reihen der kleinen Tischchen.

Egal welchen Platz man wählt – es ist ein Platz in der Stille. Man denkt einen Augenblick, wie es wohl wäre, wenn es immer so ruhig wäre, es also überhaupt keinen Krach gebe. Aber dann wäre man nicht in der Stadt. Wäre das kein Frankfurt. Und somit gäbe es auch keine Deutsche Bibliothek in der Nähe.

Aber, nur mal so als Utopie: wenn ganz Frankfurt so wäre wie die Deutsche Bibliothek? Eine ganze Stadt voller freundlicher Menschen, die einem helfen, die richtigen Bücher zu finden. Die

genau wissen, wo etwas gedruckt steht. Die sagen, wo man nach-
gucken kann. In der Deutschen Bibliothek ist alles ganz einfach.
Und zu Essen kriegt man auch etwas. Bald schon wieder Zeit
für einen Kaffee. Ein wahrlich paradiesischer Ort. Echter Luxus.
Doch die Deutsche Bibliothek ist eine demokratische Bibliothek.
Das spürt man gleich. Denn diese Bibliothek ist anders als andere nationalen Bibliotheken. In Paris, Madrid, in Boston. Diese
Büchereien residieren in altehrwürdigen Palästen und verlangen
zuallererst Respekt. Wer dort hinkommt, darf zwar alles lesen,
aber er möge dem Ehrwürdigen mit der nötigen Hochachtung be-
gegnen. Nicht so in Frankfurt. Alte Paläste gibt es hier nicht. Aber
Bibliotheken, die Kulturgüter sammeln. Deutschsprachige Erb-
schaften. Spielt keine Rolle, ob es gute Bücher sind oder schlechte. Langatmige Schmöker, filigrane Lyrik oder spannende Krimis.
Wie der jüngste von Jan Seghers. Darin reist Herr Marthaler, der
Kommissar, nach Frankreich, um seinen alten Kollegen auszufra-
gen. Auch wenn er Zweifel bekommen hat. In dem Augenblick,
in dem der Kommissar die Grenze passiert, „hatte er das Gefühl
entkommen zu sein". Ihm war es so, „als habe er einen kurzen Urlaub vom Leben genommen". In Frankreich, wohl gemerkt. Nicht
in der Deutschen Nationalbibliothek.

Justinuskirche
Kleiner Jesus, große Wirkung

Paulus und Antonius stehen am Rand des Nordportals. Paulus links, Antonius rechts. Heilige Männer, steinalt. Beide Figuren gibt es an diesem Eingang seit dem 15. Jahrhundert. Sie wirken wie Wachen des Nordportals. Als stehe die Justinuskirche unter ihrem Schutz. Den kann das Gotteshaus aus dem 9. Jahrhundert gut gebrauchen. Die Kirche in Höchst wurde 850 geweiht – und gilt damit als ältestes Gebäude, das Frankfurt zu bieten hat.
Eine Rarität. Mehr als ein Jahrtausend vor unserer Zeit. So was in Frankfurt: Frühes Mittelalter in der Stadt der Moderne. Mitten in der Altstadt von Höchst.
Paulus und Antonius stehen für unterschiedliche Typen verehrter Heiliger. Trotz ihrer nahezu identischen, mächtig wirkenden Bärte. Doch der Eremit Paulus von Theben blickt zur Seite und wirkt in seinem Mantel überaus streng. Dieser Mantel ist rätselhafterweise mit Dutzenden von Eichblättern übersät. Der Legende nach wird Paulus, der erste christliche Einsiedler in der ägyptischen Wüste, mit Palmen in Verbindung gebracht. Doch diese waren in hiesigen Gefilden nicht geläufig, so dass der Steinmetz, Steffan von Irlebach, sich entschied, bei dem zu bleiben, was er kannte. Antonius Abbas, der Heilige auf der rechten Seite, richtet seinen Blick nach vorn, wirkt der Zukunft zugewandt. Schließlich scheint er in der Fülle seines Mantels auf eine Reise vorbereitet – als Botschafter und Stammvater des in Frankreich gegründeten Antoniter-Ordens, der sich früh der Pflege erkrankter Pilger angenommen hat.
Beide Männer, die beiden Heiligen vom Nordportal, sind prächtige Repliken. Die verwitterten Originale sind in der Taufkapelle der Justinuskirche zu sehen.
Gleich links vom Eingang des von prächtigen Säulen getragenen Gotteshauses ist sie zu erreichen. Und wieder stehen einem Paulus und Antonius zur Seite. Die Kirche erkannte den Orden, der sich um das gesundheitliche Wohl bemühte und dem Antonius

seinen Namen gab, im 13. Jahrhundert als Gemeinschaft an. Einen Namen machten sich die Antoniter durch die Bekämpfung eines giftigen Pilzes, der Roggen heimtückisch befiel und schmerzhaften Wundbrand beim Menschen auslöste: das Antoniusfeuer, benannt nach dem Heiligen, der Linderung versprach. Der Orden der Antoniter bot Kranken in ganz Europa Obdach und Pflege an. Als Gaben erhielten die Mönche Schweine, die man Antoniusschweine nannte. Aus dieser Verbindung leitet sich der im Volksmund als Schimpfwort gebrauchte Begriff „du Schweinepriester" ab.

Die Justinuskirche liegt am Rande der Altstadt von Höchst, oberhalb des Mains. Von ihrer südlichen Seite aus kann man den Fluss gut sehen und entdeckt auch gleich die Fähre über den Main ins Schwanheimer Unterfeld. Das Gotteshaus entstand in der Zeit, die man Karl dem Großen zurechnet, und ist heute denkmalgeschützt. Bereits um 830 begannen die Arbeiten an dem Gotteshaus, das Rabanus Maurus, bis heute in der Kirche verehrter Gelehrter, als Erzbischof von Mainz zwei Jahrzehnte später weihte. Bei gutem Wetter und Tageslicht lässt sich an der Decke vor dem Altar erkennen, dass ein Maler Jesus auf einen Regenbogen gestellt hat. Maria und Johannes stehen ihm zur Seite. Ganz ungewohnt taucht der Sohn des Allmächtigen auch in der Vitrine in der dritten Seitenkapelle wieder auf: Als Miniatur-Skulptur aus dem zehnten Jahrhundert. Eine zehn mal zehn Zentimeter kleine Figur des Gekreuzigten. Ein ottonisches Bronzekreuz aus Antoniterbesitz mit einem sehr lieb aussehenden Jesus: Aus Südfrankreich nach Höchst in die Justinuskirche gebracht. Eine Figur, die auf die Besucher wirkt wie ein Werk aus kindlicher Vorstellungswelt. Ein kleiner Jesus, der große Wirkung entfaltet. In der wie ein Juwel gehüteten Justinuskirche in Höchst. Fast ein Geheimtipp.

Gartenstadt Eschersheim
Die Unvollendete

Die Idee der Gartenstadt geht auf den britischen Denker Ebenezer Howard zurück. Er wollte Arbeiten, Wohnen und Grün zusammenbringen. Seine Überlegungen zur *Garden City* machte er 1898 öffentlich. Er ließ sich von sozialistischen Überlegungen inspirieren und rückte die Bodenfrage ins Zentrum seiner Überlegungen.

Was auf den ersten Blick nach einem Widerspruch aussieht, sollte zusammengehen – Garten und Stadt, also Gartenstadt. Denn Frankfurt am Main mangelte es immer wieder an Wohnungen. Wie anderen Städten auch. Kein neues Problem. Als es sich schon einmal ganz dringlich stellte, am Anfang des 20. Jahrhunderts, hat man probiert, für die Bewohner Arbeit, Wohnen und den Zugang zur Natur – dem eigenen Garten – zusammenzubringen. Damit wollte man vermeiden, dass kleine Leute weite Wege zu ihrem Arbeitsplatz in Kauf nehmen müssten. Zugleich sollte es einfach sein, die Freizeit im Grünen zu verbringen. „Gartenstadt" hieß das Modell des britischen Planers und Sozialreformers Ebenezer Howard – eine Reaktion auf die schlechten Wohn- und Lebensverhältnisse in englischen Großstädten im Zuge der Industrialisierung.

Frankfurt hat in seinem Norden zu Beginn des 20. Jahrhunderts ein solches Versuchsprojekt gestartet. Es lief unter der Bezeichnung *Gartenstadt Eschersheim* – grün, gut versteckt und wenig bekannt. Ein echter Geheimtipp. Ein kleines, unvollendet gebliebenes Quartier zwischen Hügelstraße und Reinhardstraße, Ulrichstraße und Grafenstraße. Von 1911 an, unmittelbar nach der Eingemeindung des eigenständigen Dorfes Eschersheim, blühte die gleichnamige Gartenstadt auf. Mit schmucken Einfamilienhäusern, großzügig geschnittenen Doppelhäusern und dreistöckigen Reihenhäusern. Schmale Stadthäuser mit einem Hauch von Jugendstil oder besser gesagt: *Arts-and-Craft*-Bewegung. Fachwerkgiebel, spitze Dächer, kleine Erker. Am besten ist dies heute um den herrlichen Lichtenbergplatz zu begutachten. Damit wollte man die gesamte Bandbreite dessen abdecken, was in der Gartenstadt entstehen sollte. Die Firsthöhen mussten die Dachdecker bei 12,50 Meter enden lassen. Gut einen Meter höher als gängige Firsthöhen. So entstanden in dem kleinen Viertel hoch gestreckte Häuser mit scharfkantig gezogenen Dächern und nicht selten schmal geschnittenen Grundstücken – zwischen 200 und 700 Quadratmeter groß.

Das südliche Eschersheim bot sich mit seinen Gärtnereien und dem Ackerland als Grund und Boden für die Gartenstadt an: Die Grundstückspreise hielten sich in überschaubarem Rahmen. Für den Erwerb wichtig wurde eine nahe Ziegelei mit üppigem Vorkommen an Lehm, den man für den Bau von neuen Stadthäusern gut gebrauchen konnte.

Zu diesem Zeitpunkt gerade nach der Wende zum 20. Jahrhundert wahrte Eschersheim noch seine Eigenständigkeit als Dorf am Rande der Stadt. Doch Frankfurt hatte längst seine Fühler ausgestreckt, um Eschersheim zu einem Stadtteil zu machen. In Eschersheim lebten zum Zeitpunkt der Eingemeindung knapp 3000 Menschen, heute sind es fünf Mal so viele.

Für Ebenezer Howard, den Erfinder der Gartenstadt-Idee, ging es jedoch nicht nur um städtebauliche Pläne, für den Genossenschaftssozialisten verbanden sich damit auch sozialreformerische Absichten. So sollte der Gewinn bei der Umwandlung von billigem Agrarland in teures Bauland der (genossenschaftlichen) Allgemeinheit zugute kommen. Auf diese Weise – so zumindest die Vorstellungen Howards – könnte ein Teil der Baukosten finanziert werden.

Zu wichtigsten Voraussetzungen der Gartenstadt-Bewegung zählten die Mitstreiter deshalb von Anfang an die Frage des Grund und Bodens. Nur bei erschwinglichen Bodenpreisen wären die Anfänge der Gartenstadt überhaupt möglich.

Die Reform-Bewegung ließ sich von der Überlegung leiten, wie sich Fachkräfte aus dem unteren Mittelstand und aus der Arbeiterschaft halten lassen würden. Sie sollten mit der Aussicht auf attraktives Wohnen an ihren Arbeitsplatz gebunden werden. Ein moderner Gedanke, den die Stadt Frankfurt etwa bei der Suche nach geeigneten Kita-Erziehern aufleben lassen könnte.

Das Projekt Gartenstadt gilt wieder als eine Option, um auf die akuten Probleme des Wohnungsbaus zu reagieren. Stadtplaner raten dazu, dass sich eine neue Gartenstadt mit bezahlbaren Wohnangeboten an verschiedene Nutzer richten und ihnen die Prinzipien Gemeinschaft und Gemeinsinn schmackhaft machen sollte.

Neben der Gartenstadt in Karlsruhe, Siedlung Rüppurr, entstanden Anfang des 20. Jahrhunderts die Gartenstädte Hellerau bei Dresden, die Siedlung Marga in Brieske/ Niederlausitz, und die Margarethenhöhe in Essen.

Die Bemühungen um eine siedlungspolitische Reform versuchte die *Deutsche Gartenstadt-Gesellschaft* zu bündeln, 1902 gegründet nach dem Vorbild der *Garden City Association* in Großbritannien. In Deutschland wurden die Ideen Ebenezer Howards am konsequentesten in der Siedlung Hellerau bei Dresden umgesetzt. Auch die Margarethenhöhe in Essen gilt gemeinhin als herrliches Beispiel einer deutschen Gartenstadt, wenngleich die Werks-Siedlung für Kruppianer nicht auf einem genossenschaftlichen Konzept basiert. Das Projekt in Essen erinnert bis heute an den Namen der Krupp-Gattin Margarethe. Ab 1910 entstand die Siedlung Margarethenhöhe mit 3092 Wohnungen in 935 Gebäuden. Bestimmt für Mitarbeiter des Stahl-Konzerns Krupp. Als Baumeister der Margarethenhöhe hatten die Krupps Georg Metzendorf, einen jungen Mann aus dem Hessischen beauftragt, genauer gesagt: aus Bensheim im Odenwald, den man für seine guten Ideen schätzte.

Die Idee der Gartenstadt ist fast 120 Jahre alt und wirkt in Frankfurt unvollendet. Ebenezer Howard wollte die Arbeiter aus ihren Mietskasernen holen. Die Vorteile von Stadt- und Landleben sollten so miteinander versöhnt werden, Grund und Boden der Gemeinschaft gehören und die Bewohner lebenslanges Wohnrecht besitzen. Von diesen Leitideen ließen sich viele der zu Beginn des 20. Jahrhunderts errichteten Gartenstädte inspirieren. Ihre Umsetzung aber blieb meist in den Anfängen stecken – gerade wegen der Bodenfrage.

In Eschersheim nicht anders. Baumeister Walter Gropius setzte Ende der 20er Jahre ganz in der Nähe der Gartenstadt Eschersheim auf Siedlungshäuser, die er für das Quartier am Lindenbaum entworfen hat. Sie gehörten zum Projekt *Neues Frankfurt*, mit dem man der Wohnungsnot Herr werden wollte.

Heute steht einer Rückbesinnung auf die Idee Gartenstadt nichts im Wege, denn Frankfurt sieht sich mit den Problemen früherer

Zeiten konfrontiert: Der Zuzug in die Stadt hält an, Wohnraum ist knapp, die Kosten explodieren. Ebenezer Howard wollte die Arbeiter aus überfüllten Mietskasernen befreien, um ihnen kleine Städte mit großen Gärten zu geben. Man hat das als eine kleinbürgerliche Vision dargestellt. Erdverbundenheit und Heimattreue seien nur andere Worte für das Projekt Gartenstadt.

Stadtplaner empfehlen, sich für die Idee, ihre Theorie, vor allem aber ihre Frankfurter Praxis, Zeit zu nehmen. Dann landet man alsbald am Lichtenbergplatz, dem Herzstück der Gartenstadt Eschersheim. Hier lässt sich erfassen, dass die Planer der Gartenstadt sich sicher waren, was ästhetisch ansprechend ist und dass die Variationen geometrischer Formen einen besonderen Reiz ausmachen. Rund um diesen Platz lässt sich alles entdecken, was eine Gartenstadt städteplanerisch ausmacht – wenn auch von den sozialreformerischen Ideen nicht viel übrig geblieben ist.

Eine andere Gartenstadt sollte in Goldstein entstehen. Daraus wurde nichts. Die Nazis nutzten das Quartier später, um die Eigenhilfe als Beschäftigungsprogramm für Arbeitslose auszubauen, die ihren eigenen Stadtteil bauen sollten.

Auch die Gartenstadt Eschersheim ist Rumpf geblieben. Ein wunderschöner Rumpf allerdings. Eine echte Entdeckung gleich hinter der Hügelstraße.

Hans Kampffmeyer

Ist Künstler gewesen, setzte sich für die Gartenstadt Rüppurr in Karlsruhe ein und siedelte später nach Frankfurt um. Dort ist der Name Kampffmeyer bis heute präsent. Sein Sohn, ebenfalls Hans Kampffmeyer genannt, war Frankfurter Planungsdezernent, gehörte der SPD an, setzte sich für den Bau der U-Bahn ein und verantwortete das Projekt Nordweststadt politisch. In der Siedlung, entstanden als Antwort auf den Wohnungsmangel Anfang der 60er Jahre, leben heute 16.000 Menschen.

Senckenberg
Von Kletten lernen

Senckenberg
Naturmuseum

Senckenberganlage 25

Montags, dienstags,
freitags, samstags
9-17 Uhr
Mittwochs 9-20 Uhr
Samstags, sonntags,
feiertags 9-18 Uhr

Professor Bode setzt auf Vielfalt und möchte, dass ihn alle verstehen. Der Biowissenschaftler wählt gern eingängige Beispiele, etwa das der *Großen Klette*. Man kennt die in Europa oft anzutreffende Pflanze von Spaziergängen. Die Klette steht gern am Wegesrand. Der Erfinder des gleichnamigen Verschlusses habe sich von der Pflanze eine Menge abgeguckt, um Probleme des Menschen im Alltag zu lösen, sagt Professor Bode. Ein Beispiel, das für ihn deutlich macht: Von der Natur können wir eine Menge lernen. In der Natur findet sich aus seiner Sicht auch der Schlüssel zur Gesundheit des Menschen. Etwa auf der Suche nach Mitteln gegen Krebs. Dafür sei die biologische Vielfalt von größter Bedeutung, betont Professor Bode. Je mehr Tier- und Pflanzenarten es gebe, desto wahrscheinlicher sei es, ein Mittel zu finden.

Deshalb wirbt Helge Bode, Professor in Frankfurt, für den Erhalt der biologischen Vielfalt. Im Namen des Naturforschers Senckenberg. Sein Kollege Volker Mosbrugger, Direktor der Senckenberg Gesellschaft für Naturforschung und des gleichnamigen Museums, hört das gern. Bio-Diversität oder Bio-Diversity ist das große Gegenwarts-Thema, das er – mit den künftigen Herausforderungen etwa des Klimawandels – in seinem Haus vermitteln will. „Senckenberg" will neben den eigenen Sammlungen ein aktuelles Forum sein: Es geht also um nichts weniger als die Zukunft des Planeten.

Derzeit wird das Senckenberg-Museum in diesem Sinne erweitert und umgebaut. Bislang ist das „Senckenberg" vor allem für seine herrliche Dinosaurier-Sammlung bekannt und geliebt. Für die Lucy, die geschätzt 3,2 Millionen Jahre alte Ur-Mutter. Für das 50 Millionen Jahre alte und nur 60 Zentimeter große Urpferdchen. Für das amerikanische Mammut. Oder auch für die Anakonda, die gerade ein Wasserschwein verschlingt: Eine der Attraktionen, die Generationen von Schulkindern geprägt haben.

Bereits der alte Senckenberg, Johann Christian Senckenberg,

hatte sich die Aufgabe gestellt, Wissen weiterzugeben. In diesem Sinne wirkte der vermögende Arzt und Naturforscher als Mann des 18. Jahrhunderts und der Aufklärung. Mit seiner Stiftung kümmerte er sich um Frankfurter Angelegenheiten, etwa den Bau des Bürgerhospitals und die Schaffung des Naturmuseums. Senckenberg wollte die Gegenwart mit der Geschichte, aber eben auch mit der schnell aus dem Blick geratenden Vorgeschichte in Verbindung bringen. An diesen Ursprung erinnert heute im zweiten Stock des Gebäudes in Bockenheim eine Gedenktafel: „Von Goethe geweckt, vom Volke begründet, zu forschen, zu lehren, Natur und Volk zu verbünden, das ist ‚Senckenbergs' Ursprung, Weg und lebendiges Wirken".

„Die Senckenberger" sind umtriebig und sehen sich nach wie vor verpflichtet, ganz im Sinne Goethes zu ergründen, was eigentlich die Welt im Innersten zusammenhält. Damals wie heute. Was sind schon zwei Jahrhunderte seit dem Bestehen des Museums gemessen an einer mehr als vier Milliarden Jahre alten Erde.

„Die Senckenberger" brachten die Dinos ins Spiel und begeisterten alle. Deswegen ist Diplodocus auch im Erdgeschoss des Museums zuhause. Im Sauriersaal gleich am Eingang des Museums ist er zu sehen. Ein Skelett, das von der Schwanzspitze bis zum Kopf 27 Meter misst. Wenn sich der Besucher eine spezielle Brille aufsetzt, wird der Saal plötzlich zum 150 Millionen Jahre alten Urwald. Und das Skelett des Diplodocus bewegt sich. Der Dino reckt seinen Hals, kommt immer näher, rückt auf kurze Distanz zu dem Gegenwart-Genossen mit der *Virtual-Reality*-Brille. Ein Student der Uni Mainz hat diese Urzeit-Brille entwickelt und Diplodocus damit zum Leben erweckt. Diplodocus wurde früher bis zu 16 Tonnen schwer. In der virtuellen Welt bewegt sich der Pflanzenfresser behäbig. Er bleibt ein Wesen der Frühzeit, Bewohner einer untergegangenen Welt. Im Dino-Saal kann man sich in die Vorzeit beamen und in der Abteilung nebenan über den Wandel des Planeten informieren. Die Forschung dazu ist kaum ohne Alfred Wegener zu denken. Im Senckenberg-Museum kann man sich auf die Spuren seiner bahnbrechenden Entdeckungen machen, für die er zunächst viel Hohn erntete. Er war Polarforscher, Abenteurer und stellte sich einst die Frage, warum Rundschwanzseekühe sowohl an der südamerikanischen als auch an der südafrikanischen Küste des Atlantiks zu finden sind. Das Gewässer durchquert haben konnten sie unmöglich. Der Forscher folgerte daraus: Die Landstreifen, die heute Südamerika und Südafrika heißen, gehörten früher einmal zusammen. Wegener hat seine Kollegen mit diesem Befund verblüfft. Viel Spott aus der Fachwelt sollte ihm nach dem Vortrag im Hörsaal des Senckenbergs im Januar 1912 gewiss sein. Dabei war Wegener mit der Theorie zur Entstehung der Kontinente seiner Zeit voraus. Dass die Erde ein fester Körper ist, daran hatte es schon früher einige Zweifel gegeben. *Neue Ideen über die Herausbildung der Großformen der Erdrinde*, hatte Wegener seinen Vortrag überschrieben. Daraus machte er die Schrift: *Die Entstehung der Kontinente und Ozeane.* Heute ist ihm Ruhm sicher: Wegener brachte *die Entdeckung der Kontinentaldrift* ans Licht. Er stellte eine neue Theorie über die Entstehung der Kontinente auf.

Wegener entwarf das Bild einer dynamischen Erde: Kontinentalplatten driften umher, kollidieren miteinander und trennen sich wieder. Konnte eigentlich keiner glauben: Erst posthum fand die Theorie Wegeners wissenschaftlich Anerkennung. Physikalische Experimente bestätigten später die Kontinentalverschiebung, heute wesentliche Grundlage für das Modell der Plattentektonik. Und keiner kommt an ihm vorbei, der nach den Gründen für ein Beben der Erde fragt. Klar, dass einer wie Wegener so recht nach dem Geschmack der „Senckenberger" gewesen ist.

Aufregende Erkenntnisse über Millionen Jahre alte Fossilien gibt es in der Abteilung über die Messelforschung. Hessens

Landesregierung kaufte 1991 die mittlerweile weltberühmte Fossilienfundstätte Messel in der Nähe von Darmstadt und machte sie nicht, wie ursprünglich geplant, zur Müllkippe. Bereits in den 70er Jahren hatten Forscher Senckenbergs intensiv in Messel gegraben und mit bedeutenden Funden wie dem Urpferdchen den wissenschaftlichen Wert der lange vernachlässigten Fundstätte belegt. Eine ganze Abteilung zur Forschung in Messel entstand im Senckenberg-Museum, mit einer Außenstelle an der Grube. Spektakuläre Funde ließen nicht lange auf sich warten und 1995 erklärte schließlich die UNESCO die Grube im südlichen Hessen zum Weltnaturerbe.

Bekannt war zu diesem Zeitpunkt bereits, dass die Grube Messel vulkanischen Ursprungs ist. Doch trotz guter Kenntnisse über die Ölschiefer- und Fossil-Lagerstätte blieb die Entstehungsgeschichte bis 2001 weitgehend unbekannt. Erst die Geophysik und eine Forschungsbohrung hat es offenbart: Das Seebecken war vor etwa 47 Millionen Jahren ein Maarkratersee.

Eine von vielen Erkenntnissen der „Senckenberger".

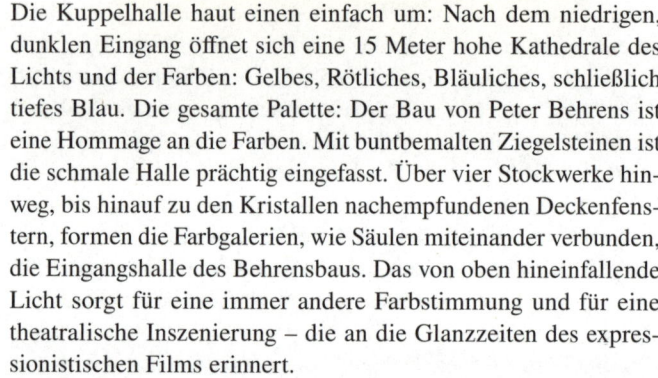

Behrensbau
Höchster Farbpalette

Viermal im Jahr kann man sich den Behrensbau im Industrieparkt Höchst ansehen, muss sich aber zuvor dort anmelden und mindestens 14 Jahre alt sein.

Telefon 069-305 54 13

dagmar.demmig
@infraserv.com

Die Kuppelhalle haut einen einfach um: Nach dem niedrigen, dunklen Eingang öffnet sich eine 15 Meter hohe Kathedrale des Lichts und der Farben: Gelbes, Rötliches, Bläuliches, schließlich tiefes Blau. Die gesamte Palette: Der Bau von Peter Behrens ist eine Hommage an die Farben. Mit buntbemalten Ziegelsteinen ist die schmale Halle prächtig eingefasst. Über vier Stockwerke hinweg, bis hinauf zu den Kristallen nachempfundenen Deckenfenstern, formen die Farbgalerien, wie Säulen miteinander verbunden, die Eingangshalle des Behrensbaus. Das von oben hineinfallende Licht sorgt für eine immer andere Farbstimmung und für eine theatralische Inszenierung – die an die Glanzzeiten des expressionistischen Films erinnert.

Der Vorstand der Farbwerke Hoechst beauftragte Behrens, den bekannten Architekten, Grafiker und Künstler, mit dem Bau: ein Gebäude für die technische Verwaltung der Farbwerke „vorm. Meister Lucius & Brüning in Höchst/Main". Das ist 1920 gewesen. Damals gehörte Höchst noch nicht zu Frankfurt, sondern war eine selbständige, wohlhabende Gemeinde. Dass die Herren aus dem Vorstand in der Nähe des Werks lebten und nicht die bessere Luft des Taunus bevorzugten, gehörte zum Ehrenkodex ihres Wirkens.

Im September 1920 schickte Behrens dem Vorstand seine ersten Entwürfe. Es sollte etwas werden, das Eindruck machte. Über das man sprach. Zugleich diskret. Die Städte in der Nachbarschaft sollten schon ein bisschen neidisch werden. Und die Konkurrenz der chemischen Industrie im tiefen Osten Frankfurts sollte staunen. Um seine Vorstellungen konkreter zu fassen, übermittelte Behrens eine Farbskizze an die Herren der Farbwerke. Das Unternehmen hatte es vor dem Ersten Weltkrieg als Hersteller synthetischer Farbstoffe zu Weltgeltung gebracht. Das sollte sich in dem Neubau niederschlagen. Der 1924 fertiggestellte Behrensbau, direkt gegenüber vom Verwaltungsgebäude des Chemie-Konzerns gelegen, unterstreicht auch die Wirkung der Farbtöne, die sich aus tiefem Blau allmählich in Facetten von Gelb verwandeln.

Von außen wirkt der Behrensbau mit seinen dunklen Ziegeln wie eine Festung. Von der Seite betrachtet, macht das Gebäude einen Knick. Diesen Punkt markiert ein Turm, der von einer weithin sichtbaren Uhr dominiert wird. Von dem Turm aus reicht ein Steg über die Straße, den man als Brücke zwischen Werk und Stadt Höchst versteht. Beide Elemente, Turm und Brücke, dienten weltweit als Firmenzeichen der *Hoechst AG*. Den Knick gibt es nur, um das Verwaltungsgebäude an der Mainzer Landstraße dem Verlauf dieser Verkehrsachse anzupassen. Der Knick gehörte nämlich zu dem Terrain, der ursprünglich Teil der *Farbwerke Höchst* gewesen ist. Damals ging die Mainzer Landstraße über das heutige Tor Ost des Industriegeländes hinaus, reichte über die Brüningstraße bis über die Höchster Altstadt hinaus und markierte den Anfang der zweitlängsten Verkehrsachse Frankfurts.

Über dieses Asphaltband erreicht man den Behrensbau heute, einen Palast, den man nur nach vorheriger Anmeldung besuchen kann. „Umbautes Licht" hat man ihn genannt. Klingt geheimnisvoll.

2008 trat lang Verborgenes im Behrensbau zutage. Die große Ausstellungshalle im Erdgeschoss, lange Zeit verschüttet. Denn man hatte eine Zwischendecke im Erdgeschoss eingezogen und eine Telefonzentrale geschaffen. Im hinteren Teil der wiederhergestellten Ausstellungshalle, heute Ort festlicher Anlässe, findet sich eine Skulptur des Bildhauers Richard Scheibe. Sie steht nach den Vorstellungen der Höchster für den Willen zur Selbstbehauptung nach dem Ersten Weltkrieg: Dargestellt ist eine Bronzefigur, ein Arbeiter, der dabei ist, sich die Ärmel seines Hemdes aufzukrempeln. Er wirkt jedoch eher unentschlossen. Die Interpreten schreiben ihm dennoch Behauptungswillen zu. Wahrscheinlich angespornt von der Farbenpracht des Behrensbaus.

Auschwitz-Prozess
Nicht Rache, Gerechtigkeit

Frankfurt boomt. Wie das ganze Land zu Beginn der 60er Jahre. Der Krieg ist noch nicht lange zu Ende, die meisten Trümmer weggeräumt. Die Stadt hat gelitten. Die Menschen sehnen sich nach Wohlstand. Über die Verbrechen der Nazizeit spricht keiner. Zuvor hatte es zwei Prozesse gegeben, bei denen NS-Täter verurteilt worden waren. Der erste in Nürnberg, wo sich „die Hauptkriegsverbrecher" vor den Alliierten zu verantworten hatten. Später in Jerusalem, wo man Adolf Eichmann 1961 den Prozess machte. Als Verantwortlicher für die Ermordung von Millionen Juden stand er in einer gläsernen Box vor Gericht. Spätestens jetzt konnte niemand mehr sagen, von den Verbrechen noch nie etwas gehört zu habern.

Doch es dauert fast zwei Jahrzehnte nach Kriegsende, bis sich NS-Täter vor deutschen Richtern verantworten müssen. Mitten in Westdeutschland beginnt Ende 1963 ein öffentliches Verfahren, das das Interesse der Weltöffentlichkeit auf sich zieht: der Auschwitz-Prozess in Frankfurt am Main. Der Prozess ist ein Wendepunkt in der deutschen Nachkriegsgeschichte, eine Zäsur. Im Römer, dem Rathaus der Stadt am Main, ruft Landgerichtsdirektor Hans Hofmeyer am frühen Morgen des 20. Dezember 1963 „die Strafsache gegen Mulka und andere" auf. 22 Männer sitzen auf der Anklagebank. Sie müssen sich wegen Mordes beziehungsweise der Beihilfe zum Mord in dem nationalsozialistischen Vernichtungslager Auschwitz verantworten. Die Staatsanwaltschaft hält ihnen vor, „heimtückisch und grausam aus Mordlust Menschen getötet zu haben". Fünfzehn Nebenkläger, Überlebende und Angehörige von Auschwitz-Opfern, lassen sich vor Gericht juristisch vertreten. Das Rathaus mitten in der Stadt dient dem Verfahren als Gerichtssaal, besser gesagt ist es der Plenarsaal des kommunalen Parlaments, da der Raum in einem ursprünglich für das Verfahren vorgesehenen Bürgerhaus nicht rechtzeitig fertig geworden ist. Erst Mitte des folgenden Jahres zieht der größte Strafprozess der deutschen Nachkriegsgeschichte in das Bürgerhaus Gallus fernab der City um. Er dauert bis zum 20. August 1965.

Zu den Hauptbeschuldigten gehört Robert Mulka. Er gibt dem Verfahren seinen Namen. Mulka ist der letzte Adjutant des Konzentrationslagers Auschwitz, das die Nationalsozialisten im Süden von Polen betrieben haben. „Mulka", der Name fiel den Ermittlern auf, da es einen Segler gab, der bei den Olympischen Spielen 1960 in Rom eine Bronze-Medaille gewonnen hatte und diesen Nachnamen trug: Rolf Mulka, der Sohn des Gesuchten, über den Staatsanwalt Joachim Kügler schließlich auf die Spur des Vaters kam. Im Prozess selbst zeigt sich Robert Mulka als geschäftiger Kaufmann. Das Gericht setzt ihn gegen Kaution einstweilen auf freien Fuß. An verhandlungsfreien Tagen verlässt er Frankfurt in Richtung Hamburg, um in der Hansestadt nach dem Fortgang seiner, wie man sagt, gut laufenden Geschäfte zu sehen. Neben ihm gehören der gerade 52-jährige Karl Höcker aus Lübbecke, ebenfalls ehemaliger Adjutant des Lagerkommandanten, SS-Oberscharführer Wilhelm Boger und SS-Rottenführer Pery Broad zu den Angeklagten.

Das Verfahren stützt sich auf intensive Vorarbeiten, die vor allem der hessische Generalstaatsanwalt Fritz Bauer geleistet hatte. „Zum Auschwitzverfahren kam es, weil ein Opfer des Nazismus beiläufig einem Journalisten Papiere zeigte, die er aus einem von der SS in Brand gesetzten Gebäude in Breslau geborgen und zur Erinnerung aufbewahrt hatte", notierte Bauer in seinen Anmerkungen zur „strafrechtlichen Bewältigung der Vergangenheit" aus dem Jahr 1965: Der Journalist ist Thomas Gnielka von der *Frankfurter Rundschau* gewesen, der einem Holocaust-Überlebenden wegen schleppender Entschädigungszahlungen helfen wollte. Die Papiere enthielten Namen von SS-Männern, die KZ-Häftlinge erschossen hatten. Gnielka erkannte die Bedeutung der Dokumente

begangenen Verbrechen angemessene Sühne zu finden. (...) Im Hinblick auf die wichtige Stellung, die der Angeklagte Mulka im KL Auschwitz innehatte, den hohen Unrechtsgehalt seiner Tatbeiträge und die große Zahl der Opfer, an deren Tötung er mitgewirkt hat, und die Persönlichkeit des Angeklagten, erschien eine Gesamtstrafe von 14 Jahren als angemessene Sühne."

Aus der Urteilsbegründung des Gerichts im Frankfurter Auschwitz-Prozess, Urteil gegen den Angeklagten Mulka. 1966 wurde Mulka aus gesundheitlichen Gründen aus der Haft entlassen.

und gab sie an Generalstaatsanwalt Bauer weiter. Fritz Bauer hatte es sich bereits zuvor zur Aufgabe gemacht, NS-Verbrechen aufzuklären. Ihm ging es darum, mit der Vorstellung aufzuräumen, „im totalitären Staat der Nazizeit habe es nur wenige Verantwortliche gegeben, es seien nur Hitler und ein paar seiner Allernächsten" gewesen, bei den Übrigen habe es sich lediglich um Mitläufer gehandelt. Auf ihre vermeintliche Rolle als Mitläufer und Befehlsempfänger beriefen sich auch die Angeklagten im Auschwitz-Prozess.

Fritz Bauer sah sich als Aufklärer der Verbrechen, die gesühnt werden sollten. Das ging vielen Deutschen zu weit. Bauer erschien ihnen als Störenfried. Frankfurt boomte, die Wirtschaft wuchs rasant, alte Nazis gingen wieder ihren Geschäften nach. Bauer sah sich alsbald mit dem Vorwurf konfrontiert, er sei rachsüchtig, lasse seiner Wut freien Lauf und habe wohl noch nicht „verstanden", dass „einem sehr großen Teil des deutschen Volkes die sogenannten Nazi-Verbrecher-Prozesse längst aus dem Hals hängen", wie der Verfasser eines Schmähbriefes schrieb.

Jahre später sprach Fritz Bauer über die Bilanz seines Wirkens mit dem Schriftsteller Gerhard Zwerenz. Er sagte: „Dass Deutschland in Trümmern liegt, hat auch sein Gutes, dachten wir. Da kommt der Schutt weg, dann bauen wir neue Städte der Zukunft. Hell, weit und menschenfreundlich... So dachten wir damals. Alles sollte ganz neu und großzügig werden. Dann kamen die anderen, die sagten: Aber die Kanalisationsanlagen unter den Trümmern sind doch noch ganz heil! Na, und so wurden die Trümmer wiederaufgebaut, wie es die Kanalisation verlangte."

Der Auschwitz-Prozess dauerte 20 Monate. 211 Überlebende sagten aus. Das Gericht verurteilte Robert Mulka zu einer Haftstraße von 14 Jahren und stellte in der Begründung des Urteils fest, dass „das Vernichtungsprogramm zu seiner Zeit (als er Adjutant wurde) erst richtig anlief." Ihn habe „eine besonders hohe Verantwortung getroffen", zumal er bei Entscheidungen über das Schicksal ankommender Opfer auf der Rampe „einen entscheidenden Beitrag geleistet" habe. Höcker bekommt sieben Jahre, Boger fünf Jahre, Broard vier Jahre.

Fritz Bauer hatte gehofft, dass die Angeklagten das Verfahren nutzen würden, um ihre Schuld einzugestehen. Dass sie das Forum der Öffentlichkeit für eine solche Geste gebrauchen würden. Vergebens, sie beharrten immer wieder darauf, nichts gewusst zu haben. Bauer ließ auch nach dem Verfahren keinen Zweifel daran, um was es ihm eigentlich ging – Recht, nicht Rache. Bauer wollte das Verfahren auch nutzen, um öffentlich Wissen über das begangene Unrecht zu schaffen. Aus diesem Grund baute er auf die Wirkung wissenschaftlicher Expertise. Etwa durch die Gutachter, die das Gericht bestellt hatte, um öffentlich „die Anatomie der SS-Staates" darzulegen. Auschwitz, notierte beispielsweise der um seine Sicht der Dinge gebetene Historiker Martin Broszat für das Gericht, Auschwitz stellte „mit seinen drei großen Lagerkomplexen (Stammlager, Birkenau, Monowitz) einerseits das größte aller KL (Konzentrationslager) dar und wurde als solches ein Riesenarsenal von Häftlingsarbeitern für die Rüstungsindustrie". Und gleichzeitig, das setzte der Historiker hinzu, machten die Nazis und ihre Mitstreiter Auschwitz mit „großen Vergasungsbunkern und Krematorien zur größten Judenvernichtungsanlage". Das sollten die Zeitgenossen über Auschwitz wissen. Mithilfe der Arbeiten von Historikern und Schriftstellern – über Auschwitz und den Prozess.

Peter Weiss, Autor und Beobachter der Verhandlungen in Frankfurt, hat diese in seinem Theaterstück *Die Ermittlung* dokumentiert. Darin entgegnet der „Angeklagte 1" (Mulka) zu Vorwürfen, er habe sich „für die Fertigstellung der neuen Krematorien" ausdrücklich eingesetzt: „Davon weiß ich nichts." Anfang Oktober 1965 schreibt Fritz Bauer an Siegfried Unseld, den Verleger von

Peter Weiss, er sei sicher und guter Hoffnung, das auf Protokollen des Verfahrens basierende Theaterstück finde viele Zuschauer und Leser. Leser, „die vor dicken Büchern zurückschrecken werden, die es im Nachgang zu dem Verfahren geben werde", so Fritz Bauer an den Verleger des dokumentarischen Theaterstücks. Zum 50. Jahrestag der Befreiung des Vernichtungslagers Auschwitz am 11. Januar 1995 gründeten Land, Stadt und ein Förderverein das Studien- und Dokumentationszentrum zur Geschichte und Wirkung des Holocaust. Es ist an der Goethe-Uni ansässig und trägt den Namen *Fritz-Bauer-Institut*.

Die Akten und Tonbandaufnahmen des ersten Auschwitz-Prozesses in Frankfurt am Main wurden im Jahr 2017 zum UNESCO-Weltdokumentenerbe erklärt.

STRANDGUT

Offenbach
Die lieben Nachbarn

Leicht hat es sich Maria noch nie gemacht. Bis sie eine Entscheidung trifft, will schließlich alles gut überlegt sein. Das gilt erst
recht für die neue Wohnung: Herrlicher Altbau, Beletage mit
dahinter liegendem Garten. Und vor allem: bezahlbar. Eine un-
fassbare Rarität im boomenden Rhein-Main-Gebiet. Der einzige
Haken: Die Wohnung liegt in Offenbach.

Offenbach ist nur ein anderes Wort für Zahnschmerzen. Zumindest für überzeugte Frankfurter. Vielleicht nimmt man in Kauf,
durch Offenbach zu müssen, wenn man auf dem Weg nach Frankfurt ist, aber ein gutes Wort über Offenbach bringt der gemeine
Frankfurter nicht über die Lippen. Was übrigens umgekehrt ge-
nauso gilt, aber des nicht zu vernachlässigenden Hinweises bedarf, dass Frankfurt, wenn nicht der Nabel der Welt, so zumindest
das Zentrum einer ökonomisch starken Metropolregion ist.

Ganz einfach, sagt der Frankfurter, Frankfurt ist eben nicht Offenbach. Warum hat Maria sich nach langem Hin und Her trotzdem
für die Wohnung in Offenbach entschieden? Vermutlich war es
der nahe Marktplatz, Wilhelmsplatz genannt, der den Ausschlag
gab.

Dreimal in der Woche ist in Offenbach Markt und es gibt das
Gerücht, dass Frankfurter sich den Samstag freihalten, um auf
den Markt nach Offenbach zu kommen. Der Markt ist überaus
sympathisch, samt dazugehörendem Markthäuschen, Kastanien
und umliegenden Kneipen, Bars und Restaurants. Das muss der
Frankfurter dem Offenbacher neidlos zugestehen – er ist ja auch
für seinen Großmut bekannt. Der Wilhelmsplatz gibt Offenbach
eine urbane Note. Wie die Hochschule für Gestaltung inklusive
Entourage. Frankfurter wissen so etwas zu schätzen, denn zu viele
urbane Orte hat die Stadt selbst nicht zu bieten.

Nähme man allein den Wilhelmsplatz in Offenbach, könnte man
sagen, an sich sei Offenbach doch eine recht hübsche Stadt. Doch
bereits wenige Meter entfernt endet die Idylle und das Grauen

beginnt. Offenbach eben. Das haben auch die geleckten Neubaugebiete am Fluss nicht ändern können.

Vom Marktplatz aus ist Frankfurt über drei S-Bahn-Stationen ratzfatz zu erreichen. Also kann Maria in Frankfurt arbeiten und in Offenbach wohnen. Nach der Arbeit bleibt Maria meist noch in Frankfurt. Kann man ja verstehen. Nur wenn es Sommer ist, lockt neben dem Marktplatz der Hafen 2 mit Open-Air-Kino und Konzerten am Offenbacher Main. Das aber ist eine ganz andere Geschichte, und hat nichts damit zu tun, dass Offenbacher nicht Autofahren können und sich täglich glücklich schätzen sollten, Nachbarn von Frankfurt am Main zu sein.

Was is des Ofebach
for e Stadt!
Die hawes ganz in der
Näh gehat
Un hawes verbaßt von
Aabeginn,
daß se net aach von
Frankfort sin

Friedrich Stoltze

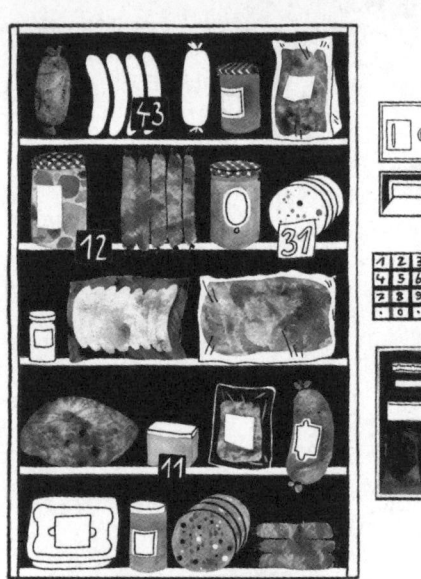

24 Stunden offen

Fleischeslust
Steaks am Automaten

Andreas Kaiser versteht sich selbst nicht als Revolutionär unter Frankfurts Fleischern. Nicht einmal ein bisschen. Aber ein wenig stolz ist er schon auf seine Idee: Denn direkt neben seiner Metzgerei an der Kalbacher Hauptstraße 8 gibt es den Automaten. Und damit ist sicher: Auf Fleisch muss kein Mensch in Frankfurt am Main mehr verzichten. Wann immer die Fleischeslust kommt: Kaisers Automat ist 24 Stunden am Tag zu nutzen. Für jeden. Allein aus diesem Grund schon könnte man den Automaten revolutionär nennen. Selbst wenn sich dafür allein der Teil der ortsansässigen Menschheit interessieren dürfte, für den Fleischgenuss ein wirklicher Lustgewinn ist, dem also bei Schweinebraten das Herz hopst und zu gutbürgerlicher Küche sofort Kalbach einfällt: Zürcher Geschnetzeltes beispielsweise. Gleich zwei Portionen. Ein Erlebnis. Bereits fertig gekocht und abgepackt. Müssen nur noch warm gemacht werden. Und anstehen muss man eigentlich nie. Ob morgens um halb acht oder abends um elf – an diesem Automaten kann man sich eigentlich immer wie aus einer Geschenktruhe das aussuchen, was man gleich oder als mitternächtlichen Snack haben will. Bereits gekocht, roh oder geräuchert, Salami oder Schinken, übersichtlich portioniert. Vor allem aber die Würste sind gefragt. Oder auch die bereits zubereiteten Hausmacher Rouladen. Zwei Stück für 7,80 Euro. Dafür, sagen erfahrene Kenner der Hausmannskost, kann man sich doch gar nicht selbst in die Küche stellen.

Kaiser legt Wert darauf, dass sich die Preise des Fleischs aus dem Automaten nicht abheben von dem Niveau des benachbarten Ladens. Aus einer womöglich am Samstagnachmittag auftretenden Notlage oder einem Engpass, den etwa unerwarteter Besuch mit sich bringt, will er keinen Reibach machen.

Auf die Idee mit dem Automaten brachten ihn Kunden. Fleischesser, die seiner Spezialitäten-Metzgerei ganz oben im Norden

Wiener Würstchen, Steaks, Bratwürste, alles gekühlt bei drei Grad Celsius – für den Fall des plötzlichen Hungers macht man kurzentschlossen Station am Fleischautomaten der Metzgerei Kaiser. Das Gerät steht gleich um die Ecke des Ladens der Metzgerei an der Kalbacher Hauptstraße 8. Nutzen kann man es rund um die Uhr, jeden Tag, also immer.

die Treue halten und samstags ihre Einkaufsrunde bei ihm starten. An diesem Tag kommen meist Männer. Sie lassen sich von Andreas Kaiser, seiner Frau oder auch seinem Bruder beraten und wollen meist etwas für den inzwischen längst nicht mehr sparsam ausgestatteten heimischen Grill.

„Unser Familienbetrieb", sagt Kaiser und freut sich über seine „verlässliche Mannschaft". Denn mittlerweile zählt auch seine Tochter wieder zum Team. Sie habe nach der Schule zunächst auf „den Bereich Marketing" gesetzt, erzählt ihr Vater. Mittlerweile jedoch hat er die 22-Jährige wieder für den häuslichen Betrieb gewinnen können – sie widmet sich ebenfalls dem Fleischer-Handwerk. Spätere Übergabe von Betrieb und Automat nicht ausgeschlossen.

Und man hört gleich, dass dem Vater das am Herzen liegt. Einer wie Kaiser kennt jeden. Auch die meisten unter den Neuen, die noch nicht seit Jahrzehnten im hohen Norden Frankfurts wohnen. Sie kaufen bei ihm ein – leider nur im Laden nebenan erhältliches – Stück Sauerbraten, das drei Wochen in einer von Essig und Nelken grundierten Beize hinter sich hat, lassen sich als Beilage Rotkohl und Kartoffelklöße empfehlen und senden am Nachmittag über soziale Medien den fotografischen Beleg dafür, dass der Braten gut geraten ist.

„Wir haben uns auf das Regionale besonnen", berichtet Kaiser. Für ihn steht außer Frage, dass das Regionale durchaus eine hilfreiche Antwort auf das Globale ist. Damit fänden sich die Menschen besser zurecht, sagt Kaiser. Auch auf dem benachbarten Riedberg, einer der großen Frankfurter Neubausiedlungen ganz in der Nähe, hat er einen weiteren Automaten aufgestellt.

Zum Regionalen gehören auch die Rinder und Schweine, die in dem schmucklos ausgestatteten Raum für den Mittagstisch auf Fotos ins rechte Licht gerückt sind – auf prächtigen Weiden. Etwa

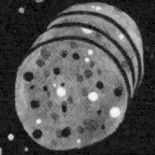

Kuh „Wally", benannt nach Kaisers tatkräftiger Oma. Zu Kaisers Viehzeug gehören auch Hühner. Die hält er ebenfalls. Denn vielleicht erweitert er den Fleischautomaten perspektivisch um einen Frühstücksautomaten. Dass auch ein solches Angebot in seiner Nachbarschaft ankommt, daran zweifelt Andreas Kaiser keinen Augenblick.

Nur verzetteln will er sich nicht. Das Geschäft muss übersichtlich bleiben. Klar habe er kurz darüber nachgedacht, die Mitarbeiter der Europäischen Zentralbank mittags mit frischer Bratwurst vom Grill zu versorgen. Doch dieses Angebot, das ihn unmittelbar nach der Eröffnung des Geldinstitutes am Ufer des Mains erreicht habe, sei ihm schließlich zu aufwändig gewesen.

Da versorgt er die alten und die neuen Kalbacher perspektivisch lieber mit frischen Eiern. Auf jeden Fall können sie jetzt schon Braten & Co bekommen – und das 24 Stunden am Tag.

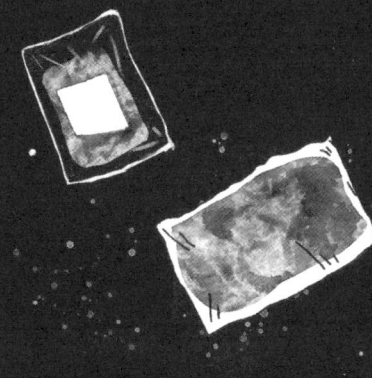

Goethes Mutter
Eine Kindheit in Frankfurt

Goethe-Haus

Großer Hirschgraben
23-25, Innenstadt

geöffnet montags bis
samstags zwischen
10 und 18 Uhr, sonntags
und feiertags 10 bis
17:30 Uhr

In unmittelbarer Nach-
barschaft zum
Goethe-Haus entsteht
das Romantikmuseum.

Spricht der Frankfurter über Goethe, ist gleich vom größten Sohn der Stadt die Rede. Dann gerät das Erzählen alsbald ins Schwärmen. Niemand kann sich dann noch des Eindrucks erwehren, als sei die Stadt nicht enorm stolz auf „ihren" Goethe und seine Überlegungen zu der Frage, „was die Welt im Innersten zusammenhält". Die Stadt, in der Goethe seine Kindheit und Jugend verbrachte. Als Sohn von Johann Caspar und Catharina Elisabeth, genannt „Aja".

Etwas ehrfürchtig bleiben die meisten Besucher des Goethe-Hauses an den lebensgroßen Büsten aus Marmor stehen – Mutter und Vater Goethe, die Eltern des Dichters. Am 28. August 1749 kam der kleine Johann Wolfgang in Frankfurt am Main zur Welt. „Mittags mit dem Glockenschlage zwölf", notiert Goethe selbst in *Dichtung und Wahrheit*: „Die Konstellation war glücklich: die Sonne stand im Zeichen der Jungfrau, und kulminierte für den Tag; Jupiter und Venus blickten sie freundlich an, Merkur nicht widerwärtig; Saturn und Mars verhielten sich gleichgültig: nur der Mond, der so eben voll ward, übte die Kraft seines Gegenscheins um so mehr, als zugleich seine Planetenstunde eingetreten war".

Katharina Schaaf zitiert gern diese Passage, in der Goethe selbst den Augenblick seiner Geburt in Szene setzt. „Der Junge", setzt Schaaf zu Beginn des Rundgangs durch Goethes Wohnort der ersten Jahre hinzu. Schaaf ist Schauspielerin. Sie lenkt ihre Gäste in der Rolle als „Mutter Aja" in bürgerlicher Garderobe des 18. Jahrhunderts durch das nach „ihrem" Sohn Johann Wolfgang benannte Gebäude.

Es ist ein großzügiges Haus. Goethes Vater, Johann Caspar, hat es sich etwas kosten lassen, es gleich nach dem Tod seiner Mutter Cornelia umzubauen. Der Vater ließ das Haus, genau genommen: zwei miteinander verbundene, schmale Fachwerkhäuser, zu einem Bauwerk zusammenlegen. Um seinen Kindern, dem Buben

Johann Wolfgang und der Tochter Cornelia, ein komfortables Zuhause zu bieten. Die Goethes sind keine armen Leute gewesen. Das ließe sich auch an der Zahl der Kerzen ablesen, ist „Mutter Aja" alias Katharina Schaaf überzeugt: „Zwei Kerzen für den abendlichen Rundgang", gesammelt in einem Kerzen-Kranz für die Visite im Haus, seien in der Mitte des 18. Jahrhunderts ein „besonderer Ausweis von Reichtum gewesen".

Johann Caspar Goethe hatte Catharina Elisabeth Textor am 20. August 1748 geheiratet. Er war 21 Jahre älter als seine Frau. Beide waren fromm, er orthodox, sie pietistische Lutheranerin. „Johann Caspar" ist seiner Frau, ausweislich „Mutter Aja", als „guter Mann" in Erinnerung. Sein Vater habe – wie alle Väter – so Goethe in „Dichtung und Wahrheit" weiter, den „frommen Wunsch" gehabt, „das was ihnen selbst abgegangen, an den Söhnen realisiert zu sehen, so ungefähr als wenn man zum zweiten Mal lebte und die Erfahrungen des ersten Lebenslaufs nun erst recht nutzen wollte". Das Ehepaar Goethe hatte sechs Kinder, von denen allein Johann Wolfgang und Cornelia überlebten. Die Geschwister hätten ein inniges Verhältnis entwickelt, berichtet Katharina Schaaf als Mutter Aja. Später, als der Dichterfürst in Weimar residierte, habe Cornelia dem geliebten Bruder viele Briefe dorthin geschrieben, erzählt Katharina Schaaf weiter. Der angehende Dichter habe ihr neben Grüßen vor allem Korrekturen ihrer Schreibfehler aus dem Thüringischen zurückgesandt.

Im Goethe-Haus in Frankfurt finden sich bis heute Spuren der Kindheit des Geschwisterpaares. Vor allem mit seinem massiv wirkenden Puppentheater habe der kleine Goethe so gerne gespielt, erwähnt „Mutter Aja". In späteren Jahren freilich habe sich ihr Sohn von seinem Zufluchtsort Weimar aus nur noch ausgesprochen selten blicken lassen. Doch Frankfurt bleibt mit Goethe verbunden. Über sein Werk, sein Elternhaus am Großen Hirschgraben, das Willemer-Häuschen auf dem Sachsenhäuser

Mühlberg, die Frankfurter Gerbermühle, den Goethe-Turm und das berühmte Goethe-Gemälde von Tischbein im Frankfurter Städel. Auch eine kolorierte Zeichnung von Wilhelm von Kaulbach erinnert an Goethe in Frankfurt. Sie stammt aus dem Jahr 1862 und zeigt den jungen Goethe als eleganten Eisläufer. Anmutig gleitet der Dichter vor der Kulisse des Doms als gut aussehender junger Mann über den zugefrorenen Main – begleitet von schwärmerischen Blicken junger Frauen.

Zahlreiche Frankfurter Institutionen, ein berühmter Preis und ein zentraler Platz in der Innenstadt schmücken sich mit Goethes Namen, ein stattliches Denkmal ist ihm gewidmet. Und wie sieht es mit „Mutter Aja" aus? Ehrendes Andenken? Fehlanzeige. Lediglich ein Altenheim der Anthroposophen ist nach ihr benannt. Ihre Grabstätte kennt kaum einer. Sie ist auch nicht leicht zu finden. Dabei liegt sie keine zehn Gehminuten vom Goethe-Haus entfernt, in Richtung Norden. Das ist „das Grab von der Mutter vom Goethe", sagt ein Mädchen. Die Kleine spielt auf dem Hof der Liebfrauenschule und zeigt auf die Seite. Dort am Rand des schmucklosen Platzes vor der Grundschule kann man den barock gestalteten Grabstein von Catharina Elisabeth Goethe entdecken: aus rotem Sandstein mit einer Bronzetafel. Unweit des mit roter Kreide aufgemalten Sprungecks des kleinen Mädchens liegt „Aja", Catharina Elisabeth Goethe. Die Grabplatte verrät: „HIER RUHT GOETHES MUTTER", gestorben 1808.

In unmittelbarer Nähe, auf dem Peterskirchhof, liegt Goethes Vater begraben. Er starb bereits 1782. In seinen autobiografischen Notizen merkte der Sohn über seinen Vater wenig schmeichelhaft an: „Er schätzte meine angeborenen Gaben um so mehr als sie ihm mangelten: denn er hatte alles nur durch unsäglichen Fleiß, Anhaltsamkeit und Wiederholung erworben".

Bier-Krawall
Aufgebrachte Konsumenten

Dreiviertel des Lohnes für ein Brot. Da platzte vielen Franzosen der Kragen. Der Brotpreis machte sie zur Erhebung Ende des 18. Jahrhunderts bereit, die als Französische Revolution in die Geschichtsbücher einging. Knapp hundert Jahre später machten die Frankfurter Krawall.

Wegen des Bierpreises. Nicht mehr vier Kreuzer, viereinhalb Kreuzer sollte ein Bier kosten. Die örtlichen Brauereien schienen sich einig. Satte zwölf Prozent wollten sie mehr. Ein solcher Zuschlag hatte zuvor bereits die Mannheimer und die Stuttgarter aufgebracht. Schließlich galt Bier damals als ein Grundnahrungsmittel für Arbeiter.

So ist der 21. April 1873 als Tag des Frankfurter Bier-Krawalls in Erinnerung. „Mir wolle Batzebier", skandierte eine aufgebrachte Menge in der Innenstadt. Was soviel hieß wie: Wir wollen Bier für einen Batzen. Ein Batzen entsprach damals vier Kreutzern. Die Aufständischen zerstörten Mobiliar in Kneipen, schütteten Bier auf die Straße. In der Brauerei Schwager, Neue Mainzer Straße, verspritzten sie mit einem Schlauch kochenden Gerstensaft. Der Aufstand endete blutig: Die von den Preußen bereitgestellten Soldaten erschossen 20 Aufständische und besetzten die Plätze der Innenstadt. Ein Gericht verurteilte später 47 Revolutionäre zu vier Jahren Gefängnis. Die Frankfurter Brauereien nahmen nach dem Bierkrawall die Preiserhöhungen zurück.

Jecken
Fastnacht in „Klaa Paris"

Das Vorurteil geht so: Anders als die Kölner können die Frank-
furter keinen Karneval. Da braucht man gar nicht hinzugehen.
Man verpasst ohnehin nichts. Karneval in Frankfurt, oder wie die
Frankfurter selbst sagen: Fastnacht oder Fassenacht, braucht sich
kein Mensch im Kalender zu notieren. Umzüge zu Rosenmontag –
Fehlanzeige.

Letzteres stimmt. Und der offizielle Frankfurter Fastnachtsumzug am Faschingssonntag ist in der Regel eine ziemlich biedere
Veranstaltung. An Rosenmontag fährt der gestandene Karnevalist
von Frankfurt nach Mainz – oder schont sich für die Dinge, die
am nächsten Tag bevorstehen. In einem gut versteckten Teil der
Stadt, im Norden, den man suchen muss wie das Dorf der un-
beugsamen Gallier zu Beginn der Asterix-Hefte. Der Ort heißt
Heddernheim, gehört seit 1910 zu Frankfurt und wird auch liebevoll „Klaa Paris" genannt. Wobei „Klaa" frankforterisch für
klein und Paris, (ausgesprochen: Pariss) für die Stadt an der Seine
steht. Das hängt vermutlich damit zusammen, dass am Faschings-
dienstag in Frankfurt-Heddernheim der Hucki los ist: Während
die Kölner ihren Rausch ausschlafen und die Mainzer sich gedanklich auf Aschermittwoch vorbereiten, lassen es die Frankfurter im Norden der Stadt richtig krachen. Bis tief in die Nacht.
In Heddernheim bewahrheitet sich, dass erst am Aschermittwoch
alles vorbei ist. Von der Straße „In der Römerstadt" setzt sich der
Zug der Närrinnen und Narren um 14:31 Uhr in Bewegung. Für
viele Aktivisten der nicht selten hämisch beäugten fünften Jahres-
zeit ist das eine Selbstverständlichkeit: Sie sind mit von der Partie.
Etwa die virtuos anmutenden Instrumentalisten des Musikzugs
Heppenheim, die Mitstreiter der Sachsenhäuser Karnevalsgesell-
schaft und Volker, der den wuchtigen Wagen der Narren aus dem
nahen Schwalbach steuert und sich mit einem unübersehbarem
Namensschild zu erkennen gibt: „Volker". Sie alle pflegen den
Kontakt zu den Heddemer Käwwern, dem wohl bedeutendsten

Verein der Karnevalisten in „Klaa Paris". Die Käwwern sorgen
für das Training der Tanzgarden und den Erhalt der Tradition.
Aus diesem Grund stifteten sie auch die Rekonstruktion der ersten Gemeindepumpe in der Straße Alt-Heddernheim auf der Höhe
des Hauses Nummer 47. Denn die ursprüngliche „Gemaa-Bump"
von 1839 gab wohl „Veranlassung zu dem 1. Fastnachtsumzug in
Heddernheim", wie eine Plakette auf der roten Sandstein-Brun-
nen-Pumpe stolz verkündet. Sie ist das Wahrzeichen der Heddemer Fassenacht, die in den Annalen des Stadtteils ebenfalls seit
1839 überliefert ist. Die Käwwern übermittelten die rekonstruier-
te Pumpe übrigens 1950, im 111. Jahr der Erwähnung. Schließlich
besitzt die 1 unter Karnevalisten eine ganz besondere Symbol-
kraft. Natürlich auch bei den „Heddemer Käwwern", natürlich
auch in „Klaa Paris".

Kuchenkunst
Ungeahnte Köstlichkeiten

Nein, ganz neu im Angebot ist dieses Teilchen zum Kaffee nicht. Aber selbst wenn das aus einem Crêpe geformte liebliche Etwas noch nicht lange zum Angebot der *Konditorei Amendt* gehört, eine Rarität dürfte es wohl nicht bleiben. Zu viele Kunden wollen es haben. Es sieht appetitlich aus und stimmt einen unmittelbar erwartungsfroh. Man müsse sich eben ständig etwas Neues einfallen lassen, meint die Dame auf der anderen Seite der Theke dazu. Die Kuchen-Konkurrenz in Frankfurt schläft nicht. Also nimmt man den dünnen Pfannkuchen im Grunde wie eine Hülle, um zartes Mousse darin zu verpacken. Zur Innovation bereit ist man auf jeden Fall beim *Amendt,* wie der Frankfurter sagt.

Amendt ist etwas für Kenner, die gutes Handwerk zu schätzen wissen. Man muss von *Amendt* schon einiges gehört haben, denn die Konditorei liegt ein wenig abseits, im Norden der Stadt. Genauer gesagt: An der Hügelstraße, das ist an der Grenze zwischen Ginnheim, Dornbusch und Eschersheim. An Sonntagen ist es bei *Amendt* immer ganz schön voll, denn wer den kleinen Laden kennt, nimmt den Weg in diesen Teil der Stadt, der an sich nicht als Paradiesgarten der Köstlichkeiten gilt, gerne auf sich. Dort warten die Kuchen- und *Petits Fours*-Liebhaber darauf, in der Schlange allmählich voranzukommen, um zunächst ein Stück „Sacher", Bayrischer Käsekuchen oder „Fürst-Pückler" zu bestellen. Dann bleibt auf dem Tablett noch Platz für „zwei, drei" der kleinen Sensationen am vorderen Ende der Theke. Sie kommen erst nach den ausgewachsenen Torten und machen einen beinahe etwas unbedarften Eindruck: Torteletts mit frischen Himbeeren, „Éclairs" gefüllt mit Mocca, eine Miniatur-Tarte-au-Citron oder eben eine der neuen Crêpes-Variationen.

Amendt ist eine von fünf über das gesamte Stadtgebiet verteilten Adressen ausgesprochen gelungener Kuchenkunst. Guten, bodenständigen Kuchen bieten *Ruppel*, gegenüber dem Hauptfriedhof, *Kronberger* im Nordend und das *Café Clement* am Weißen Stein.

Café Ruppel
Eckenheimer Landstraße 269

Kronberger
Vogelsbergstraße 19

Café Clement
Am Weißen Stein 7

Konditorei Amendt
Hügelstraße 177

Café limori
Braubachstraße 24

Café Siesmayer
Siesmayerstraße 59

In filigranere Dimensionen der Patisserie-Meisterschaft dringen neben *Amendt* das *Iimori* nahe der neuen Altstadt und das *Siesmayer* am Palmengarten vor. Jeder für sich bietet einen ganz besonderen Genuss, immer ein bisschen anders, aber stets ein Erlebnis der deliziösen Art.

Ruppel, Eckenheimer Landstraße, *Kronberger,* Vogelsbergstraße, und *Clement,* Eschersheimer Landstraße, sind gute Konditoreien: *Ruppels* gedeckter Apfelkuchen, *Kronbergers* sizilianischer Zitronenkuchen und *Clements* Eschersheimer Schokoküsse sind Klassen für sich. Man kann über *Kronberger* nicht sprechen, ohne auch das beste Baguette der Stadt zu erwähnen.

Wer sich auf die Finessen der Konditoren-Kunst einlassen mag, ist im Café *Iimori* an der Braubachstraße richtig. Das Café hat die japanische Harfespielerin, Katzenliebhaberin und Koch-Back-Lebenskünstlerin Akzo Iimori mitten in Frankfurt eröffnet und jeden Tag versuchen Touristen händeringend einen Platz zu finden, um sich dort eine Rolle gefüllt mit Mousse und angehaucht mit dem Aroma des grünen Tees oder ein Stück *Cassis Love* zu gönnen. Was aber heißt schon Café? Das *Iimori* ist eine ganz eigene Welt. Eine Welt mit Anklängen aus Frankreich wie aus Japan. Eine Welt mit leicht exzentrischem Wohnzimmer-Ambiente und vortrefflichem Cheese-Cake, vergleichbar wohl nur mit dem Erzeugnis aus New York.

Und eine Welt, die recht gemütlich ist. Zumindest im Vergleich zum *Siesmayer* am Palmengarten. Dort treffen sich am frühen Morgen Menschen zu hintergründigen Gesprächen. Später gehört dieses Café den Menschen, die ein Stück des vollendeten Genusses *Opéra* zu schätzen wissen. Dann naht die Stunde der wirklichen Genießer, die sich an der Kuchentheke der Ästhetik des Unwiderstehlichen hingeben, die sich nicht entscheiden können, ob sie *Nougat Mille Feuill*e dem Schokoladenbiskuit *Chocolat Framboise* nicht den Vorzug geben wollen.

Wem das alles zu viel neumodischer Kram ist oder wer an Sonntagnachmittagen das vorzieht, was dort schon früher seinen Platz gefunden hat, der hält sich an den Klassiker Frankfurter Kranz im *Siesmayer* oder an Streuselkuchen, sagen wir, von *Ruppel*. Oder man nimmt, nein, kein Stückchen, sondern ein ausgewachsenes Stück von dem „Mohn". Von *Amendt*. Eine wirkliche Wucht.

FRANKFURTER
ANSICHTEN

Radfahren
Wahre Helden

Das Radfahrbüro empfiehlt aus dem Norden der Stadt die Route 7: Eschersheim-Innenstadt. Über die Stadtteile Dornbusch und Nordend. Ausdrücklich vermieden ist die Eschersheimer Landstraße. Die Strecke führt vielmehr über den ungleich ruhigeren Sinaipark und geht am HR entlang, bevor auf der Höhe des Polizeipräsidiums die Adickesallee gekreuzt wird. Die Strecke geht über acht Kilometer. Eine der Routen, die nummeriert und am Straßenrand mit grünen Pfeilen auf kleinen quadratischen Schildern ausgewiesen sind. Ziel der Route ist die Hauptwache.

radfahren-ffm.de

Wenn früher vom Träumen die Rede gewesen ist, stand eigentlich immer ein Porsche bereit. Für einen frühen Sonntagmorgen, beispielsweise. Dann würde die Autobahn frei sein und dem noch jungen Fahrer und dem Porsche auf der A5 wenig entgegenstehen. Vielleicht gar nichts. Aus irgendwelchen Gründen hat das allerdings nie geklappt. Das kann man bedauern. Muss man aber nicht. Porsche fährt ja heute jeder. Fast jeder. Auf jeden Fall sind mittlerweile die Helden andere.

Die wahren Helden sind die Radfahrer. Zumindest diejenigen, die immer fahren. Sommer wie Winter, immer. Nicht nur bei Sonnenschein oder an Feiertagen. Wahre Helden sind ständig mit dem Rad unterwegs und trauen sich auf die Straßen der Stadt. Radfahren klingt nach einer Kleinigkeit. Etwas, das eigentlich jeder kann. Von wegen.

Das Radfahren ist in Frankfurt zwar mittlerweile etwas leichter geworden. Aber eine Stadt für Radfahrer ist Frankfurt am Main bis heute nicht. Beileibe nicht. Dabei hätte Frankfurt alles, um ein Paradies für Radfahrer zu werden. Die Stadt ist klein, übersichtlich. Es gibt keine Berge zu erklimmen. Verglichen mit dem hügeligen Stuttgart sehen sich Zweiradler hier allenfalls mit unmaßgeblichen Anstiegen konfrontiert. Gemessen daran, wie viel Zeit eine Tour mit dem Fahrrad in Berlin vom Brandenburger Tor zur Freien Universität in Anspruch nimmt, sind die Wege in Frankfurt wirklich eine Kleinigkeit. Und in dieser Hinsicht auch überschaubar: Frankfurt ist eine Stadt der kurzen Wege. Also ist das Velo das ideale Verkehrsmittel.

Vorausgesetzt, man kann Radfahren, fährt nicht nur an Feiertagen und kennt die richtigen Routen. Trotzdem ist Radfahren in Frankfurt eine ziemliche Herausforderung. Zumindest abseits des Vorzeigestadtteils der Grünen. Jenseits des verspielt wirkenden Nordends mit seinen abgesenkten Straßenecken und den beispielhaften Radtrassen, etwa auf der Eckenheimer Landstrasse, müssen wahre Radfahrer in Frankfurt alles andere als Pragmatiker sein. Echte Radfahrer in Frankfurt müssen Idealisten sein, weil sie sich selbst etwas zumuten.

Nehmen wir Asphaltzüge wie die Eschersheimer Landstraße. Das ist nicht irgendeine Straße. Es ist eine bedeutende Verbindung zwischen der City und dem Norden der Stadt. Ein Asphaltband, das man Ausfallstraße nennt. Das ist ein Ausdruck aus einer Zeit, in der nur Waldschrate mit dem Rad zu ihrem Arbeitsplatz fuhren. Über Kilometer hinweg läuft die Eschersheimer Landstraße geradeaus. Schnurstracks, immer geradeaus. Mehrspurig. Denn

Pendler sollen zügig rauskommen können. Das ist natürlich wichtig und durchaus im Sinne des Frankfurters. An der Ausfallstraße kann sich die Stadt an entscheidenden Abschnitten, etwa den schlappen zwei Kilometern vom Polizeipräsidium bis zur Hügelstraße, nicht lange mit Fahrradwegen aufhalten. Wer hier Radfahren will, muss also auf die Straße. Das heißt Nahkampf. Schließlich haben Pendler und Radfahrer nicht selten ein von Feindschaft geprägtes Verhältnis zueinander.

Pendler halten Radfahrer für lästige Zeitgenossen, Hindernisse auf dem Weg zur nahen Autobahn A 661, die man am besten in knappem Abstand zügig überholt. Radfahrer widerum sehen sich im Dienste der Umwelt und stellen sich daher als die besseren Menschen dar. Radler halten Autofahrer im Allgemeinen und Pendler im Besonderen für völlig aus der Zeit gefallen. Schließlich beanspruchen diese das Recht, auf der Straße zeigen zu wollen, wer wohl der Stärkere ist. Rücksicht zählt nicht zu ihren Stärken. Meist sind sie reichlich verblüfft darüber, dass Zweiräder in Frankfurt auch gegen die Einbahnstraße fahren dürfen – zumindest auf kleineren Straßen.

Auf der „Eschersheimer" geht es für Radfahrer meist um die eigene Haut. Denn sie müssen ständig mit Überraschungen rechnen. Etwa mit Pendlern, Fahrer aus „HG" und „MTK", gern im SUV. Das sind Orte am Rande von Frankfurt. Die Menschen, die aus diesen Orten in die Stadt kommen, sind froh, dass sie nicht den ganzen Tag in Frankfurt bleiben müssen, sondern rasch zurück in ihre Vororte mit der frischen Luft fahren können.

Gelegentlich reißen sie die Türen ihrer selten formschönen Autos auf und denken in diesem Augenblick nicht daran, dass womöglich ein Radfahrer vorbeikommen könnte. Das ist dann nicht schön. Und manch anderer Verkehrsteilnehmer rät gutmeinend dem Radfahrer dazu, „die Eschersheimer" zu meiden und sein Velo entspannt durch Grünanlagen und über die Bertramswiese zu steuern. Die Nutzung dieser Strecken aber kostet doppelt so viel Zeit, kommt also nicht in Frage. Das ist doch nichts für Helden und richtige Radfahrer. Für eilige Pedalisten an einem stinknormalen Werktag auch nicht. Denn gerade das Sparen macht das Radfahren interessant. Sparen kann man sich die Parkgebühren. Sparen kann man sich auch die Zeit für die nervenaufreibende Suche nach einem Parkplatz. Radfahrer können ihre meist treuen Begleiter an einer der ästhetisch wenig gelungenen Halterungen abstellen, die die Verwaltung der Kommune seit ein paar Jahren überall an zentralen Punkten aufstellen lässt. Wenn Parkplätze fehlen, kriegen auch Radfahrer schlechte Laune.

Und sie fürchten um ihre Mission: Sie wollen den Autofahrern doch eigentlich beweisen, dass man ein Auto nur braucht, um von entlegenen Orten auf dem Land in die Stadt zu kommen. Zumal mit der Aussicht auf eine Stadt ohne Autos, die sich als Pedalist vom Norden aus in den Süden in nicht einmal zwei Stunden durchqueren lässt. Einer Stadt, die man kennt wie seine Westentasche.

Auf jeden Fall kann man seinen Freunden von außerhalb berichten, dass in Frankfurt ständig mehr Menschen auf das Fahrrad umsteigen: Anzugträger, Alte, Alleinerziehende und Angsthasen. In der Stadt reagiert man darauf, wenn auch zögerlich und weist mehr Straßenzüge als Trassen für Fahrräder aus. Selbst für die Hanauer Landstraße denkt man inzwischen darüber nach.

Wenn heute vom Träumen die Rede ist, steht immer ein Fahrrad bereit. Vielleicht entdeckt man dann am Wochenende gelegentlich auch mal einen Porsche. Soll ja vorkommen.

Neue Altstadt
Enge Gassen und die Sehnsucht nach Fachwerk

Tobias ist erleichtert. Endlich passiere etwas mit der Architektur in Frankfurt. Seit Jahren, im Grunde seit dem Ende des Krieges, sei vieles davon nur schwer auszuhalten gewesen. Lieblos und bar jeder Fantasie, sagt der bedächtig wirkende Mann, der Frankfurt seit inzwischen vier Jahrzehnten sein Zuhause nennt und den Krieg selbst gar nicht mehr erlebt hat. „Eines wie das andere", sagt er über triste Neubauviertel und öde Siedlungen. Durch viel Fantasie fielen neue Bauwerke in Frankfurt selten auf. Und „schnell, schnell" hätte alles gehen müssen. Mit dem steten Schielen auf den schnöden Mammon. „Die nötige Muße" für ein präzises Handwerk sei selten geblieben. Jetzt aber hofft er auf eine neue Zeit, auf ein Umdenken: Mit der neuen Altstadt verbinde er große Erwartungen – an neue Standards für Städtebau und Handwerk. Vielleicht schafft es Frankfurt mit dem ehrgeizigen Projekt sogar, für Tobias so etwas wie Heimat zu werden.

Am Anfang des 21. Jahrhunderts eine neue Altstadt. Das klingt paradox. Mitten in Frankfurt, ein gewagtes Unterfangen. Im Grunde von Anfang an. Heftig haben die Freunde der Altstadt mit den Kritikern des Projekts gerungen. Wenn die in Berlin den Wiederaufbau des alten Stadtschlosses wollen, sollte Frankfurt dem nicht nachstehen, hieß es. Aber eine Stadt in der Mitte der Republik, die sich der Moderne verpflichtet sieht, würde sich doch einem solch rückwärtsgewandten Gedanken nicht hingeben, hielten Kritiker entgegen. Ein Kompromiss schien angesichts sich verhärtender Fronten unmöglich. Die „Freunde der Altstadt" gründeten einen gleichnamigen Verein, um deutlich zu machen – an ihnen vorbei werde nichts gehen. Dagegen beschworen die Gegner des Projekts, dies sei eine Kapitulation der Moderne und der Architektur. Mit einer Rekonstruktion der mittelalterlichen Altstadt werde deren Enge wiederkehren: wenig Licht, niedrige Decken. All das werde an einen Bausatz zum Basteln von „Faller"-Häuschen erinnern. Außerdem mangele es Frankfurt gar nicht an einer Altstadt, denn

die gelungene, inzwischen sanierte „echte" Altstadt in Höchst stehe bereits seit 1972 unter Denkmalschutz. Dort findet sich die alte Befestigung der Stadt, der Zollturm, das Maintor, der Bolongaro-Palast und das prächtig sanierte Schloss.

Doch die Sehnsucht nach der Gemütlichkeit enger Gassen und spitzer Giebel im Herzen Frankfurts war groß: Viele Beteiligte an der leidenschaftlich geführten Debatte versprachen sich Heilung für die Wunde, die der Krieg in der Innenstadt hinterlassen hatte. Der Zweite Weltkrieg, besser gesagt: die Luftangriffe im März 1944. Doch auch nach dem Ende des Krieges gingen die Frankfurter nicht gerade zimperlich mit den verbliebenen Bauten in der City um. Was vom Verfall bedroht war, wurde gnadenlos abgerissen. Es gab nach dem Ende der Nazizeit das Bedürfnis nach einem Neuanfang. Kluge Zeitgenossen warnten davor, so zu tun, als könne es einen Schnitt, eine *Tabula rasa* geben. Ganz so, als wären die Folgen, die die NS-Herrschaft gebracht hatte, schlicht und einfach zu eliminieren. Auch, indem man alte Gebäude abräume.

Andere Chronisten, etwa Walter Dirks, Mitherausgeber der *Frankfurter Hefte*, sprachen sich – ebenfalls historisch begründet – gegen den Wiederaufbau des weitgehend zerstörten Goethe-Hauses am Großen Hirschgraben aus. Denn damit tue man so, als wäre das Gebäude „doch noch da".

Natürlich war der Wunsch nach Rekonstruktion der Frankfurter Altstadt auch ein Ausdruck des Unbehagens an moderner Architektur. Ausgerechnet ins Zentrum hatte man besonders hässliche Klötze gepflanzt – Beispiele eines Beton-Brutalismus der 60er und 70er Jahre: Das Historische Museum und das Technische Rathaus an der Braubachstraße. Letzteres blieb ständiger Reibungspunkt in der Diskussion über eine neue Altstadt. Wenn „dieser Schandfleck mitten in der Stadt" verschwinde, davon zeigten sich die „Freunde der Altstadt" überzeugt, werde mit neuen Bauwerken auf kleinen Parzellen der Beweis angetreten, eine Alternative finden zu können.

Ob das bullig wirkende Technische Rathaus mitten in der City eine prägnante Antwort auf die Zerstörungen durch den Bombenhagel 1944 gewesen ist, kann man durchaus in Frage stellen. Sollte das Bauwerk aber überhaupt so etwas sein? Wer etwas Freundliches über das mit reichlich Sichtbeton gestaltete Gebäude sagen wollte, wies darauf hin, dass es „funktional" sei. Nicht schön, gaben manche Zeitgenossen zu, aber doch ein Dokument der Frankfurter Zeitgeschichte.

Die Lage entspannte sich. Originalgetreue Rekonstruktionen sollte es nur wenige geben und vielleicht lasse sich mit der neuen Altstadt auch ein Modell finden, wie sich in einer flächenarmen Stadt künftig verdichtet bauen lassen würde. Erste Blicke auf das Entstandene zeigen: Von der neuen Altstadt in Citynähe lässt sich bestimmt sagen, als gutes Handwerk gemacht und ordentlich gearbeitet zu sein. Nach den Erfahrungen, die manche Nutzer neuen Wohneigentums an anderen Stellen der Stadt machen mussten, wäre das nicht schlecht für künftige Standards.

Die neue Frankfurter Altstadt entfaltet sich von der Braubachstraße aus auf dem überschaubaren Terrain zwischen Kaiserdom und Römer sowie der Kunsthalle Schirn. Insgesamt entstanden dort hinter dem Haus am Dom und bis hin zum Kunstverein 35 Häuser. Fünfzehn Rekonstruktionen und zwanzig Neubauten – allesamt mit spitzen Giebeldächern. Die Zeile entlang der Braubachstraße bringt völlig unterschiedliche Fassaden, ohne kleinteilige Details, sondern mit klaren Linien. Zu den Blickfängern des Blocks gehört der *Glauburger Hof*, den ein knapp zehn Meter langer Schriftzug zur Braubachstraße hin zu erkennen gibt. Als *Glauburger Hof* hatte Arnold von Glauburg, seit 1270 Bürger der Stadt, an der Braubachstraße ursprünglich mal ein großzügiges Gebäude als Frankfurter Sitz der Familie errichten lassen. Die

Glauburgs gehörten damals zu den fünf einflussreichen Familien, die sich zu einer Gemeinschaft der Patrizier zusammengeschlossen und „Alten Limpurg" genannt hatten. An die Stelle des früheren *Glauburger Hofs* trat Anfang des 20. Jahrhunderts ein dem Jugendstil verpflichtetes Haus, abgerissen später für den Bau des Technischen Rathauses.

Also wird jetzt doch alles gut? Doch sollte es späteren Generationen im Sinne einer tragfähigen Erinnerungskultur nicht auch nachvollziehbar sein, warum man die nationalsozialistischen Jahre nicht nur als historischen Abschnitt unter anderen begriff, sondern als Zivilisationsbruch? Ein radikaler Einschnitt, der sich mit massiven Verlusten verbindet – mit Massenmord und mit Zerstörungen. Aus diesem Grund bereitet die ein oder andere Rekonstruktion manchem Frankfurter Kopfzerbrechen, wenn so getan wird, als lasse sich alles reparieren. Ein Haus wie die *Goldene Waage* etwa direkt gegenüber dem Kaiserdom: Bunt, prächtig, kitschig.

Das Stadthaus zwischen Dom und Schirn ist als Bindeglied zwischen der Kunsthalle und den Altstadthäusern gedacht. Im Keller des Stadthauses liegt der Archäologische Garten, den man bis zum Bau der Altstadt als Blickfang bewahrt hatte, um zu belegen: Es gab eine spätantike und mittelalterliche Vorgeschichte in Frankfurt. Relikte dieser Zeit waren beim Bau des U-Bahn-Schachts Anfang der 70er Jahre zutage getreten.

In der neuen Altstadt finden sich künftig zwei Ausstellungshäuser – das Struwwelpeter-Museum und das Friedrich-Stoltze-Museum. Tobias ist gespannt. Er freut sich auf das Neue – wenn es auch weitgehend das Alte ist.

Museum Judengasse
Battonnstraße 47
Dienstags 10-20 Uhr
mittwochs bis sonntags
10-18 Uhr

Goethe ließ sich von seiner Neugierde durch die Stadt treiben. Mal brachte sie ihn nach eigener Darstellung in den autobiographischen Notizen zu väterlichen Besitzungen nördlich des Eschenheimer Turms hinter die damaligen Grenzen der Stadt. Mal schien er vom „Zustand der Judenstadt, eigentlich die Judengasse genannt", hin und her gerissen. „Die Enge, der Schmutz, das Gewimmel" des jüdischen Ghettos „zwischen Stadtmauer und Graben" wirkten auf ihn eher abstoßend. Der 1749 geborene Johann Wolfgang Goethe mied diesen Teil der Stadt als Knabe, als Jüngling entdeckte er ihn schließlich ganz neu für sich: „Die Mädchen waren hübsch", notierte er in „Dichtung und Wahrheit", sie „mochten es wohl leiden, wenn ein Christenknabe", also er selbst, „ihnen am Sabbat auf dem Fischerfelde begegnend, sich freundlich und aufmerksam bewies". Deswegen sei er „äußerst neugierig" geworden, „ihre Zeremonien kennen zu lernen". So habe er – entgegen der anfänglichen Skepsis – „nicht abgelassen, bis ich ihre Schule öfters besucht, einer Beschneidung, einer Hochzeit beigewohnt und von dem Lauberhüttenfest mir ein Bild gemacht hatte".

An die Judengasse, die Goethe einst so neugierig erkundet hatte, erinnerte in Frankfurt lange nichts und niemand. Bis Bauarbeiter vor 30 Jahren auf altes Gemäuer stießen, als sie Erde aushoben, um Platz für ein neues Gebäude der Stadtwerke zu schaffen. So geschehen im Frühjahr 1987. Die üppigen Funde entpuppten sich als Reste der Judengasse: Darunter eine aus dem 15. Jahrhundert stammende Mikwe, ein rituelles Tauchbad und die Grundmauern von 19 Häusern – die Ruinen des ersten jüdischen Ghettos in Europa.

Von den alten Mauerresten konnte man wissen, wenn man von ihnen wissen wollte. Wollte man aber nicht. Und so wurde die Baustelle im sogenannten Börneplatz-Konflikt Ende der 80er Jahre zu einem heftig umkämpften Terrain. Es ging um nichts weniger als den Umgang mit einem Teil der Geschichte der Stadt wie auch des Landes. Viele Frankfurter, darunter die Schriftstellerin Eva Demski und der Erziehungswissenschaftler Micha Brumlik, demonstrierten für den Erhalt der eindrucksvollen Ruinen. Der damalige Oberbürgermeister Wolfram Brück aber wollte Stärke beweisen und weiterbauen. Doch der Protest erwies sich als hartnäckig. Dass in der Stadtverwaltung wie in der Stadtregierung offen-bar niemand daran gedacht hatte, dass sich unter der Erde Reste der alten Judengasse finden würden, führt Micha Brumlik auf eine „kollektive Amnesie" zurück. In einer Stadt, die sich nach der nationalsozialistischen Diktatur vor allem „einem städtebaulichen Neuanfang verschrieben" hatte.

Die Stadtregierung entschied sich schließlich für etwas, das die einen als „Kompromiss" bezeichneten, von dem die anderen aber auf den Zusatz „fauler" bestanden: Am Börneplatz, mitten in Frankfurt, sollte – wie geplant – der Verwaltungsbau der Stadtwerke entstehen. Allerdings über der erhaltenen Mikwe und den Kellerresten von vier Häusern, die in das Untergeschoss des städtischen Gebäudes integriert werden sollten – als einer Dependance des Jüdischen Museums. So kam es auch. Die Reste der Besiedlung gingen im unterirdischen Museum Judengasse auf. Zunächst eher eine Verlegenheitslösung, ist das Museum inzwischen komplett umgestaltet und zu einem angemesseneren Erinnerungsort geworden. An historischer Stätte wird hier die Geschichte des ehemaligen jüdischen Ghettos erzählt. 1460 hatte der Rat der Stadt den Frankfurter Juden befohlen, ihre Wohnungen aufzugeben und in die 300 Meter lange Gasse am damaligen Rand der Stadt zu ziehen. Anfangs lebten dort nur wenige Familien, später bis zu 3000 Menschen. Und doch spricht Mirjam Wenzel, Direktorin des Jüdischen Museums und des Museums Judengasse, von einem Ort, an dem es immer wieder möglich schien, an der Frankfurter Gesellschaft teilzuhaben. Allen

Diskriminierungen und antijüdischen Ressentiments zum Trotz. Zu Beginn des 17. Jahrhunderts gab es Spannungen in Frankfurt, denn Patrizier und Zünfte stritten um die Schaffung eines öffentlichen Kornmarktes und verlangten vom Rat der Stadt, die Zahl der Juden zu beschränken. Den judenfeindlichen Aufstand führte der Lebkuchenbäcker Vincent Fettmilch an. Er fand Fürsprecher unter Advokaten der Stadt, die sich von der Vertreibung der Juden wesentliche Vorteile versprachen. Der Kaiser, zunächst abwartend, ließ schließlich die Anführer des Aufstands auf dem Rossmarkt hängen und stellte das Leben in der Judengasse wieder unter seinen Schutz.

Erst 1864 erlangten die Frankfurter Juden die „Gleichberechtigung", zumindest formal. In der Judengasse selbst lebten zu diesem Zeitpunkt nur noch wenige Gläubige, der Ghettozwang war längst aufgehoben. Die Judengasse wurde – bis auf wenige Häuser – abgerissen.

Gleich neben dem neuen Eingang des Museums Judengasse in der Battonnstraße findet sich auch der alte Jüdische Friedhof und die Gedenkstätte Börneplatz. Seit 1996 erinnert letztere an die 11.915 von den Nationalsozialisten ermordeten Frankfurter Juden. An jeden mit einer kleinen Namenstafel. Unter ihnen Annelies Frank, besser bekannt als Anne Frank: die berühmteste Tagebuchschreiberin der Welt.

Charles Hallgarten
Für kleine Leute in großen Nöten

Der Mann war reich und ein Phänomen: Er finanzierte Milch-küchen, um die Säuglingssterblichkeit in den Griff zu kriegen, er unterstützte ein Asyl für Obdachlose, setzte sich für den Bau von Wohnungen ein, gründete ein Heim für Behinderte und stärkte den Verein für Mutterschutz. Klingt wie ein Märchen? Doch Charles Hallgarten, Frankfurter mit jüdischen Wurzeln und ame-rikanischem Pass, besaß nicht nur Geld, sondern auch ein gutes Herz. Und so war für ihn klar, dass die Pflicht zur öffentlichen Fürsorge nur eine andere Seite des individuellen Reichtums sei. Sprich: Er war vermutlich einer der größten Wohltäter dieser Stadt.

Charles Hallgarten, Jahrgang 1838, ist ein reicher Mann gewe-sen. Sein Vater hatte in New York mit der Gründung der Hall-garten-Bank und der Finanzierung des Eisenbahnbaus viel Geld verdient. Charles Hallgarten erkrankte an Tuberkulose, brauchte Luftveränderung und zog mitsamt seiner Familie zurück nach Eu-ropa. Sie siedelten nach Frankfurt am Main um. Ihre Villa stand nahe des Palmengartens.

Charles Hallgarten hatte in Frankfurt ein gutes Leben und dachte auch an andere. Schließlich wollte Hallgarten von Frankfurt aus gemeinsam mit seinen Mitstreitern eine Tradition festschreiben. Zusammen mit Wilhelm Merton, dem Gründer der Metallgesell-schaft, schuf er das *Institut für Gemeinwohl*. Eine Einrichtung, die finanzielle Hilfe in die richtigen Bahnen lenken und die Em-pfänger künftig in die Lage versetzen sollte, sich selbst zu hel-fen. Es ging um die Abkehr vom Almosengeben. Für Hallgarten wie für Merton eine Herzensangelegenheit. In dieser Tradition der *Centrale für private Fürsorge* sieht sich bis heute das Frank-furter Bürgerinstitut. Und Charles Hallgarten war 1890 einer der Gründer des sozialen Wohnungsbaus in Frankfurt. Er hatte ein Gespür dafür, dass eine Siedlung für Werktätige auch Sozialein-richtungen brauchen würde: Lesezimmer, Krippen, Kinderhorte,

Vortragssäle, Spielplätze. Deswegen sagt man über Hallgarten, er gehöre zu den „Pionieren der Sozialfürsorge". Denn er nahm sich der Werktätigen samt ihrer Familie an und ließ keine Zweifel daran, was eigentlich das Soziale ausmacht – neben dem Fressen auch die Begier nach Wissen. So entstand die Aktienbaugesellschaft für kleine Wohnungen, heute als ABG bekannt. Hallgarten und der Industrielle Georg Speyer brachten fast das gesamte Kapital von einer halben Million Mark zusammen, das zur Gründung nötig war.

Nach dem Tod von Oberbürgermeister Johannes von Miquel übernahm Hallgarten 1901 dessen Vorsitz im Aufsichtsrat der städtischen Wohnungsbaugesellschaft. Zu diesem Zeitpunkt bemühte sich die Gesellschaft um den Wohnungsbau mitten in der Stadt und hatte sich ein Projekt mit sechs Wohnhäusern in der Stoltzestraße vorgenommen. Es ging darum, wie der Historiker Arno Lustiger hervorhob, ausreichende und kostengünstige Wohnungen zu schaffen.

Eine Weisung in die Zukunft für Frankfurt. Das passte zur boomenden Stadt, erinnern sich manche. Zu dieser Zeit hatte Deutschland nach einer Anmerkung des Historikers Ulrich Herbert in Europa „die Rolle des Laboratoriums der Moderne von Großbritannien übernommen". In seinen Städten zeichnete sich bereits ab, wohin die Entwicklung gehen könnte. Ganz rasant, aber auch überaus zerbrechlich. Denn soziale Zerwürfnisse könnten alsbald der Dynamik im Wege stehen. Also müsste man damals nicht anders als heute dafür sorgen, dass es Zusammenhalt gibt.

Für diese Sorge stand Charles Hallgarten, der die Hochphase der industriellen Entwicklung erlebt hat und wusste, warum man sagt, es gebe nichts Gutes, außer man tut es. Hallgarten glaubte daran, dass ein Markt von sich aus nicht alles regelt, sondern Korrektive braucht: für Gemeinwohl und Gerechtigkeit im Dienste der

Allgemeinheit. Hallgarten ist davon überzeugt gewesen, dass „der Kapitalismus ohne Sozialreform nicht würde gedeihen können". Hallgarten starb 1908. Zur Erinnerung an ihn gehört ein in Idstein nahe Frankfurt gelegenes Jugendheim, das bis heute seinen Namen trägt, da er sich für diese erste Einrichtung für behinderte Kinder stark gemacht hatte.

Frankfurt macht heute kein Aufhebens um Charles Hallgarten. Im Nordend sind eine Wohnsiedlung und eine Straße, in Bornheim eine Förderschule nach ihm benannt. Trotzdem ist der großherzige Mäzen heute fast vergessen, kaum einer verbindet etwas mit seinem Namen: Dabei könnte die Stadt einen wie Charles Hallgarten auch heute gut gebrauchen.

Riedberg
Neu und grün

Den Bewohnern des Riedbergs liegt Frankfurt zu Füßen. Von dort aus kann man erahnen, was in der City wohl gerade los ist. Von der Anhöhe aus sieht man Flugzeuge, die über der Skyline zum allmählichen Landeanflug auf den Rhein-Main-Flughafen ansetzen. Aber nicht mehr. Man hört sie nicht. Man hat das Gefühl, in der Stadt zu wohnen, die doch weit entfernt ist. Man kann allerdings schnell überall sein. De facto ist die City mit der U-Bahn in 20 Minuten zu erreichen. Der Riedberg liegt im obersten Norden der Stadt. Am Rande, nicht im Abseits.

Der Riedberg grenzt im Norden an Oberursel und Bad Homburg, ist aber noch ein Teil von Frankfurt am Main. Der Riedberg ist kein Stadtteil, sondern, wie es verwaltungsrechtlich heißt, ein Stadtbezirk. Gemeinsam mit dem benachbarten Kalbach bildet er den Stadtteil Kalbach-Riedberg. Das sagt aber keiner. Man wohnt in Frankfurt, „auf dem Riedberg", und das gerne.

Dabei ist es mit dem Riedberg nicht einfach gewesen. Man hat es sich auch nicht leicht gemacht. Frankfurt brauchte Anfang der 90er Jahre unbedingt Wohnungen. Dabei sollten Erfahrungen vermieden werden, die man mit Neubauvierteln im Norden der Stadt gemacht hatte. In der Nordweststadt oder in Bonames etwa waren Trabantenstädte entstanden, die vor allem durch „randalierende Jugendliche" in die Schlagzeilen gerieten. Von „Ghettobildung" und „Verwahrlosung" war schnell die Rede. Für erfahrene Stadtplaner hieß das: Man muss sich den Riedberg anders vorstellen. Mit dem Riedberg aufhalten wollten die Frankfurter die Abwanderung junger Familien ins Umland. Frankfurt nahm sich vor, einen Trend aus den 70er Jahren umzukehren: Wer es sich leisten konnte und in Kauf nahm, mit dem eigenen Wagen an seinen Arbeitsplatz zu pendeln, zog ins Umland. Man sagte dann: Ins Grüne. Mit der Stadt wollte man nach Feierabend nichts mehr zu tun haben. Gegen diesen Trend entstand schließlich ein Quartier, das mit insgesamt 276 Hektar Fläche vor allem sehr grün werden sollte. Auf dem man aber auch mit Miet- und Eigentumswohnungen, Reihenhäusern, Doppelhäusern und Villen reichlich Wohnfläche für den Mittelstand finden kann. Das neue Quartier nördlich von Heddernheim und westlich von Kalbach sollte locker bebaut sein und weiträumige Grünanlagen bieten. So wirken heute der Bonifatiuspark und der Kätcheslachpark wie Sichtschneisen vom Nordosten aus in Richtung Südwesten. Mit ihnen öffnet sich, wenn man sich von der Skyline in einer 180-Grad-Drehung abwendet, der Blick in den nahen Taunus und sogar bis hinein in die entfernte Wetterau. Bei gutem Wetter zumindest. Zusammen bieten beide Parks auf dem Riedberg fast 20 Hektar Grün. Ein beachtlicher Anteil.

Bereits der erste Eindruck vermittelt Großzügigkeit: Vom Mertonviertel aus, das als früherer Stadtrand vor allem der Ansiedlung von Dienstleistungsunternehmen dienen sollte, bahnt sich eine breite Straße allmählich als Altenhöferallee auf den Riedberg. Nach zwei Kreiseln kreuzt man auf der Anhöhe die Trasse des neuen Anschlusses für die U-Bahn. Und die neue Ortsmitte: Das inzwischen stark frequentierte Einkaufszentrum mit Supermärkten, Kinder-Klamotten, Restaurants und einem *Café Wacker*.

Auf dem Vorplatz gibt es jeden Samstag einen Markt, auf dem die Anwohner des Quartiers Wild, Fisch und Käse einkaufen und den Weinstand umlagern. Den Samstag als Markttag verbucht haben mittlerweile viele der knapp 13.000 Menschen, die sich heute „Riedberger" nennen.

Frankfurt legte sich mächtig ins Zeug und gründete auf dem Riedberg ein neues Gymnasium. Einhundert Jahre nach der Eröffnung der Ziehenschule im nahen Eschersheim. Früher wäre ein solches Projekt nicht auszudenken gewesen, denn Frankfurt galt lange als Hort sozialdemokratischer Bildungspolitik. Doch zur Suche nach einer Wohnung würde für zuziehende Familien auch das Begehr gehören, den Kindern einen Platz am Gymnasium zu sichern.

Da gab es keinen Widerspruch. Und vom bestens ausgestatteten Riedberg-Gymnasium, das hinter dem Einkaufszentrum entstand, lohnt sich ein Blick auf die moderne Universität.

Schließlich sollte man den Riedberg gedanklich sofort auch mit „Sternstunden der Wissenschaft" in Verbindung bringen. Auf seiner nach Niederursel zuneigenden westlichen Seite stehen zahlreiche Institute der Goethe-Universität: der naturwissenschaftliche Campus Riedberg samt Wissenschaftsgarten. Auf dem insgesamt 24 Hektar großen Areal gehen bis zu 8000 junge Menschen ihren Studien nach. An diesem Standort der Hochschule entstanden bereits in den 70er Jahren erste Gebäude der Goethe-Uni. Heute haben dort auch das *Frankfurt Institute for Advanced Studies*, das *Frankfurter Innovationszentrum Biotechnologie*, das *Giersch Science Center* sowie die beiden Max-Planck-Institute für Biophysik und Hirnforschung ihre modern anmutenden Standorte. „Science City Frankfurt" nennt die Goethe-Universität das.

Noch kreisen auf dem Riedberg die Kräne, entstehen die letzten Quartiere. Doch die Bewohner fühlen sich bereits als echte Riedberger. Auch wenn Architekturkritiker schon mal an der Gestaltung herummosern: Die Riedberger kümmert das wenig. Sie wohnen gerne in dem neuen Quartier: Im Grünen und doch nah dran.

Heimliche Hauptstadt
Frankfurt am Main nach 1945

„Halt, Stopp", ohne Weiteres lässt sich diese Hürde nicht über-
winden. Es ist eine Pforte. Ein Eingang. Eine Grenze. Stopp,
„haben Sie einen Termin?". Der Mann an der Pforte bestimmt, wer
rein darf. „Halt, wo wollen Sie hin?" Die Frage wirkt drängend. Ist
schließlich auch nicht irgendeine Pforte. Es ist der Eingang zum
Hessischen Rundfunk. Das ist eine Anstalt öffentlichen Rechts
mit dem Ziel, die Zuschauer zu unterhalten, auch in schwierigen
Zeiten das Beste für das ganze Land zu wollen und Bürger auf
dem richtigen Weg des demokratischen Miteinanders zu halten.
Diesen Auftrag erhielt der *Hessische Rundfunk* nicht anders als
etliche Anstalten öffentlichen Rechts gleich nach dem Untergang des Dritten Reiches: Sie sollten der Welt zeigen, dass es
in dem Land der Tyrannei künftig auch anders gehen kann, dass
es mit dem „Heil" vorbei ist. Was Deutschland nach dem ver-
lorenen Krieg brauchen würde, waren Möglichkeiten der Zer-
streuung, die den Bürger mit dem *Blauen Bock* bei Laune halten. Und ihn gleichzeitig mit Gepflogenheiten, die man, wie die
Berichterstattung über Landtagswahlen, dem demokratischen
Umgang zurechnete, vertraut machen sollten. Die Alliierten verstanden die nicht dem Kommerz verpflichteten Sender des Wes-
tens als erzieherische Spielräume für die Öffentlichkeit in der
Nachkriegsgesellschaft.
Dem widmeten sich manche Redakteure der Anstalten mit besonderer Akribie. Sie sahen sich selbst als Botschafter der Demokratie und als Mittler im Namen der Aufklärung. So beob-
achtet Dr. Murke, Redakteur in Heinrich Bölls Satire *Dr. Murkes
gesammeltes Schweigen* unter seinen Kollegen auch eine gewisse
„vorübergehende Selbstüberschätzung". Gespielt vom Schauspieler und Satiriker Dieter Hildebrandt in der Rolle des Dr. Murke
ist die Verfilmung von Bölls Satire über das Schweigen und den
Aufbruch nach dem Krieg rasend komisch und äußerst sehens-
wert – nicht nur, weil sie vom und im *Hessischen Rundfunk* an

Es ist alles nur
geliehen
Alle Güter dieser
Erde
Die das Schicksal
dir verehrt
Sind dir nur auf
Zeit gegeben
Und auf Dauer gar
nichts wert
Darum lebt doch
euer Leben
Freut euch auf den
nächsten Tag
Wer weiß schon auf
diesem Globus
Was der Morgen
bringen mag
Freut euch an den
kleinen Dingen
Nicht nur an Besitz
und Geld
Es ist alles nur
geliehen
Hier auf dieser
schönen Welt

Heinz Schenk

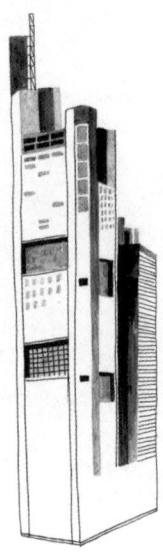

der Bertramswiese gedreht wurde. An dem Morgen, an dem der Film anfängt, ist „Dr. Murke" ungewöhnlich früh dran. Ein Pförtner im Film blafft ihn an. Gleich am Eingang des Hessischen Rundfunks, an der Pforte. *Dr. Murke* ist eine Erzählung über den Kulturbetrieb der jungen Bundesrepublik und die Anstalt. Wo er wohl hinwolle, raunzt der Pförtner Murke an. Ob er erwartet werde, er einen Termin vorweisen könne. Murke pariert. Seine Geste in der Anfangssequenz des Schwarz-Weiß-Films aber lässt sich nicht anders deuten: Er versteht das Auftreten des Pförtners als Unflätigkeit. Schließlich schaltet sich eine Kollegin des Pförtners ein, er möge doch „Dr. Murke" passieren lassen. Er sei von „der Kultur" und komme täglich zu früher Stunde. „Seit zwei Tagen", notiert Böll in seiner Erzählung Murkes inneren Monolog, komme er „schon um acht ins Funkhaus" und „renne gleich in ein Studio, weil er vom Intendanten den besonderen Auftrag erhalten hatte, einige Vorträge über das Wesen der Kunst zu überarbeiten". Die Vorträge gehörten eigentlich längst zum Archivbestand der Anstalt. Sie stammten von „dem großen Bur-Malottke", der sie auch selbst gesprochen hatte. Es ging um Grundlegendes zur Kunst, das Bur-Malottke, ein erfahrener Gelehrter seines Faches, nun anders formulieren wollte. Plötzlich plagten Bur-Malottke Zweifel, wie es wohl in diesen neuen Zeiten aufgenommen würde, wenn er über Gott sprach: Er hatte nach der Erzählung Bölls „religiöse Bedenken" bekommen und den Intendanten des *Hessischen Rundfunks* darum gebeten, „Gott" durch „jenes höhere Wesen, das wir verehren" zu ersetzen.

Dr. Murke kommt nun die dankbare Aufgabe zu, all diese Textstellen auszutauschen, also „Gott" zu entfernen und durch die erheblich längere Formulierung von „jenem höheren Wesen, das wir verehren" zu ersetzen.

„Punkt zwölf war Murke mit dem Kleben fertig", notiert Heinrich Böll in seiner Erzählung. Als Murke gemeinsam mit einem

Techniker „den letzten Schnipsel" im Mitschnitt des Textes von Bur-Malottke ersetzt hat, verspürt er eine gewaltige Erschöpfung. Sein Chef Humkoke sucht ihm Trost zu spenden. Er selbst habe früher einmal aus einer vierstündigen Hitlerrede drei Minuten für einen Ausschnitt ziehen sollen. Er habe sich die Rede dreimal anhören müssen. „Als ich anfing, das Band zum erstenmal zu hören, war ich noch ein Nazi, aber als ich die Rede zum drittenmal durch hatte, war ich kein Nazi mehr; es war eine harte, eine schreckliche, aber sehr wirksame Kur." Dr. Murke erwidert: „Sie vergessen, dass ich von Bur-Malottke schon geheilt war, bevor ich seine Bänder hören musste."

Im Film *Dr. Murkes gesammeltes Schweigen* ist der *Hessische Rundfunk* ein Ort hektischer Betriebsamkeit. Immer wieder hetzen die Schauspieler über den Rundgang im ersten Stock der „Goldhalle" hinter der Hauptpforte. Die war eigentlich für höhere Zwecke bestimmt: Von dort oben hätten Zuschauer an Sitzungstagen einen Blick auf das neue Parlament des demokratischen Deutschlands werfen können – wenn, ja wenn Frankfurt am Main Hauptstadt der Bundesrepublik geworden wäre. Unmittelbar nach dem Krieg.

Und in Frankfurt gab es keinen Zweifel daran, dass die Stadt im Zentrum der jungen Republik ein zweites Mal Geburtsort der Demokratie in Deutschland werden würde – hundert Jahre nach den Beratungen in der Paulskirche.

Oberbürgermeister Walter Kolb hatte für diesen Fall bereits eine würdevolle Ansprache bei Radio Frankfurt aufzeichnen lassen. Frankfurt wird Kapitale, darauf setzten Kolb und seine Stadtregierung. Und starteten 1948 den Bau der Kongresshalle an der Bertramstraße. Doch eine hauchdünne Mehrheit des Parlamentarischen Rates entschied am 10. Mai 1949: Bonn wird Hauptstadt. Es hätte anders kommen können. Niemand weiß, wie es mit der Republik bis heute weitergegangen wäre. Wenn sich die

Abgeordneten des Deutschen Bundestags nicht für die gemächliche Provinz in unmittelbarer Nähe zu Bundeskanzler Adenauers Wohnsitz in Rhöndorf entschieden hätten. ·

Die Sozialdemokraten hatten Frankfurt vieles abgewinnen können. Die Stadt schien mit ihrem robusten Kern in der Industrie von einem anderen Kaliber zu sein als dieses übersichtlich, ja geradezu harmlos wirkende Bonn. Nur wenige Abgeordnete von CDU und FDP betonten in der Debatte die wirtschaftliche Kraft der Stadt am Main, ihre zentrale Lage und die Bedeutung des Flughafens, um Mitstreiter für Frankfurt zu erwärmen.

Alle waren sich lediglich darin einig, von der früheren Hauptstadt Berlin nach dem Untergang der nationalsozialistischen Diktatur Abschied nehmen zu müssen. Nicht allein aus, wie man später sagen würde: vergangenheitspolitischen Erwägungen, sondern vor allem, weil Berlin, die von Kommunisten eingekesselte Stadt, keine Perspektive des Wiedervereinigens des einen Teils mit dem anderen Teil ermöglichen würde. Deswegen kamen Braunschweig, Bamberg, Celle und Hannover überhaupt erst ins Gespräch. Die Idee: aus tiefster Provinz eine gedeihliche Republik zu entwerfen.

Doch am Ende blieb für die Parlamentarier allein die Alternative: Bonn am Rhein oder Frankfurt am Main. Das konnte keine ernst gemeinte Frage sein. Dachten sich zumindest die Frankfurter. Alle würden für Frankfurt sein. Und Frankfurt machte sich doch bereits schön, schmückte die Paulskirche, reaktivierte mit Hilfe der US-Army das *IG Farben*-Haus und ließ am Dornbusch nach Plänen des Bauhaus-Architekten Gerhard Weber einen Plenarsaal für das Parlament errichten, etwas verbrämt Kongresshalle oder Rotunde genannt. Der heutige Sitz des *Hessischen Rundfunks*.

Später hat man über Frankfurt gesagt, diese Stadt sei die amerikanischste Stadt in Europa. Die Frankfurter hatten nichts dagegen. Für sie gehörte das Amerika-Haus hinter der Alten Oper selbstverständlich zu der Stadt, die sich an einer eigenen Skyline versuchte. Von einem Gelände neben dem *Hessischen Rundfunk* sendete jahrzehntelang der legendäre Sender American Forces Network, kurz AFN. Heute laufen im *Hessischen Rundfunk* an der Bertramstraße die Verbindungen aller ARD-Anstalten zusammen: der Sternpunkt. Ob Schaltkonferenz der Fußball-Bundesliga oder Eurovision-Song-Contest – alles läuft über Frankfurt. Mit dem Ziel, die Zuschauer zu unterhalten, auch in schwierigen Zeiten das Beste für das ganze Land zu wollen und Bürger auf dem richtigen Weg des demokratischen Miteinanders zu halten. Diese Fäden laufen in der Mitte der Republik zusammen – selbst wenn dort nicht die Hauptstadt zu finden ist.

Multi-Kulti
Fair und respektvoll

Mailand oder Madrid –
Hauptsache Italien.

Andy Möller
Fußball-Legende

Frankfurt ist ein Dorf, sagen manche, besser gesagt eine Ansammlung von Dörfern. Auf jeden Fall überschaubar. Die Stadt der kurzen Wege. Eine ziemlich internationale. Genauer: Die internationalste Stadt in Deutschland. Das liegt nicht nur am Frankfurter Flughafen und an der Lage der Stadt im Zentrum Europas. In Frankfurt hat jeder zweite einen Migrationshintergrund. Menschen aus 180 Nationen nennen Frankfurt ihr Zuhause. Mehr als zwei Drittel der Grundschul-Kinder stammen aus Familien, deren Wurzeln nicht in Deutschland liegen.

Da gibt es Spannungen. Aber das Zusammenleben klappt vergleichsweise gut. Das ist vielleicht auch ein Verdienst des republikweit ersten Amts für multikulturelle Angelegenheiten, kurz Amka genannt. Daniel Cohn-Bendit setzte das Amt im Jahr 1989 in Frankfurt durch. Zu einer Zeit, in der kaum jemand über Integration sprach. Das Amka ist eine der ersten Anlaufstationen für Zuwanderer gewesen.

Aus den Anfangsjahren des Amka stammt ein Buch des Grünen-Politikers Cohn-Bendit, von 1989 bis 1997 erster Dezernent für multikulturelle Angelegenheiten in Frankfurt: *Heimat Babylon* heißt es. Der ehemalige CDU-Politiker Heiner Geißler hat es damals, Anfang der 90er Jahre für das Magazin *Spiegel* besprochen und lobend hervorgehoben, dass Cohn-Bendit und Mitautor Thomas Schmid Deutschland als Einwanderungsland beschreiben und ihnen eine „multikulturelle Demokratie" vorschwebe.

Seine eigene Partei habe ihm nahegelegt, das Wort „multikulturelle Gesellschaft" nicht zu nutzen, notierte Geißler damals weiter. Zumindest vorerst. Weil man abwarten wolle und der Gebrauch dieses Begriffs doch viele Parteigänger aufbringe. Geißler wollte das nicht einsehen, denn gerade weil doch von diesem Wort „Unruhe ausgeht", vermerkte er in seiner Buchbesprechung, „müssen seine Inhalte geklärt werden". Schließlich stelle sich für ihn die Frage: „Warum sollte dieses Volk nicht begreifen können, dass

Deutschland ein Einwanderungsland geworden ist?" Und Geißler fragte weiter: „Warum sollten die Menschen denn nicht zur Kenntnis nehmen, dass sich die bisherige Einwanderung in die Bundesrepublik seit 1949 insgesamt wirtschaftlich positiv ausgewirkt hat, dass unsere Gesellschaft ohne Zuwanderung auf die Dauer vergreisen würde?"

Klare Worte. Seitdem ist viel passiert. Die Stadt in der Mitte des Landes ist ein beliebtes Ziel geblieben – für Menschen, die aus ganz unterschiedlichen Gründen kommen: Für die Investmentbankerin aus London, den Bauarbeiter aus Bukarest und den Medizin-Studenten aus Aleppo. Aus welchen Motiven sie auch immer die Stadt am Main ansteuern, stets suchen sie die Verbesserung ihrer Lage und schlagen deshalb den Weg nach Frankfurt ein. Einer wirtschaftsstarken Stadt, der Herzkammer der Republik.

Hier funktioniert das Zusammenleben von Menschen ganz unterschiedlicher Herkunft recht passabel. Das hängt bestimmt mit dem liberalen Geist der Stadt zusammen. Einem offenen Klima. Damit, dass viele Frankfurter „Aageplackte" sind, also Zugezogene, die nicht in der Stadt am Main geboren sind. Aber auch mit dem Bemühen um Toleranz, einer gesunden Portion Pragmatismus und mit dem Engagement von Frankfurter Bürgern, etwa in den Vereinen. Wenn man wirklich verstehen will, wie Integration funktionieren kann, schaut man sich am besten Frankfurts Sportvereine an.

Etwa den *Ball-Sport-Club 1918*, kurz BSC genannt: einsatzfreudig, fair, respektvoll. Darauf schwören die Trainer ihre Teams beim traditionellen Fußballverein *BSC Schwarz-Weiß Eschersheim* immer wieder ein. Das ist keine Garantie für Erfolg. Aber bewusste Leitlinie, nach denen die Akteure – junge Fußballer unterschiedlichster Herkunft – sich verhalten sollen. So kann es klappen, dass Spiele drei Punkte bringen und Integration gelingt.

Früher habe Andy Möller mal beim BSC gespielt. Erzählt man sich und gerät ein bisschen ins Schwärmen. „Der Möller". Andere Zeiten. Heute gilt: Sollte einer im Training nicht mitmachen, läuft er eine Extrarunde um den Platz. Klare Ansagen. Auf Deutsch. Das ist die Sprache, die jeder Spieler versteht. Es ist Leons Muttersprache. Bilal kann auch Arabisch, Ante spricht auch Kroatisch. Alle drei Spieler träumen von einer Karriere, wie Andy Möller sie vorgemacht hat, der letzte Spieler des BSC, der es in die Nationalmannschaft geschafft hat. Im BSC geht es nicht darum, woher jemand kommt, sondern allein wie er spielt: Einsatzfreudig, fair und respektvoll.

Ist das gelebtes „Multikulti"? Klar ist: Patentrezepte gibt es nicht. Und darüber, wie Integration gelingen kann, kursieren ganz unterschiedliche Vorstellungen: Da gibt es die, die auf „Assimilation" setzen. Das heißt: diejenigen, die kommen, sollen so werden, wie die, die schon da sind. Ihnen stehen diejenigen gegenüber, die den „Multikulturalismus" hochhalten. Schließlich habe sich das Modell der homogenen Nationalgesellschaft doch lange überlebt. Unterschiede sollten eher achtsam akzeptiert werden. Dazu gehöre auch, sich gegenseitig zuzugestehen, dass es Anderssein gibt. Das heißt: „Anerkennung der Differenz".

Deutschland als Einwanderungsland sei schließlich eine Erfolgsgeschichte, befindet etwa der Migrationsforscher Klaus Bade. Weil Integration in den Kommunen stattgefunden habe und durch die Migranten selbst. „Die gingen putzen, um ihre Kinder durch Schule und Uni zu bringen, als Diversität dort noch ein Fremdwort war", setzt Bade hinzu. Geblieben seien allerdings „die gezielt eingesetzten Beschwörungsformeln und Bedrohungsvisionen", ein Bodensatz, der jederzeit „wieder aufgewirbelt werden" könne. Das soziale Gefüge muss immer wieder neu austariert werden. So fürchten einige, Frankfurt könne mit dem Zuzug Tausender Banker aus London immer mehr zu einer Stadt der Reichen werden.

Dies könne die Spannungen vor allem am unteren Ende der sozialen Hierarchie verstärken – etwa im Kampf um bezahlbare Wohnungen und Kita-Plätze. Dort müsse genau hingeschaut werden. Existierende Probleme in der Integration und Ängste dürften nicht durch Multikulti-Folklore verdeckt und verdrängt werden. Wer sich grundsätzlich Gedanken über die Integration macht, sollte sich auch Gedanken über die eigene Fremdenangst machen, die Angst vor Fremden, sagt die Psychoanalytikerin Marianne Leuzinger-Bohlender. Denn dass es „das Fremde" gebe, das plötzlich „dem Eigenen" entgegentrete, gehöre doch zum Alltag der Menschen dazu. Es komme vor allem darauf an, das Fremde nicht von vornherein als Befremdliches zu empfinden. *Wer hat Angst vorm schwarzen Mann* hat die langjährige Leiterin des Sigmund-Freud-Instituts in Frankfurt als Titel für ihren Vortrag gewählt. Die Polytechnische Gesellschaft, eine um Integration bemühte und der Bildung verpflichtete Frankfurter Stiftung, hat Marianne Leuzinger-Bohlender zu diesem Vortrag eingeladen.

Jeder Mensch merkt gleich, ob man es gut mit ihm meint. Marianne Leuzinger-Bohlender sagt das nachdrücklich. Aber sie vermittelt am Ende ihres Vortrages nicht den Eindruck, als wollte sie belehren. Marianne Leuzinger-Bohlender wirbt dafür, dass sich die Frankfurter in diejenigen hineinversetzen, die sich auf den Weg machen und ihre vertraute Umgebung verlassen, um an einem anderen Ort ein neues Leben führen zu können. Diese seien „mutige Menschen". Ihnen gebühre Mitgefühl. Sie spüren, ob man es gut mit ihnen meint. Überall auf der Welt. Und in der internationalsten Stadt in Deutschland, Frankfurt am Main.

Danksagung

Frankfurt für Anfänger wäre nicht entstanden ohne hartnäckige und kluge Kommentare von Naomi Naegele, die auch das Lektorat übernommen hat. Die Illustrationen hat Eva Feuchter nach Besuchen vor Ort und erwartungsvollen Verständigungen gefertigt. Beide Mitstreiterinnen sind bei der allmählichen Annäherung an die ungewöhnliche Stadt stets dabei gewesen – mit vielen guten Ideen.